Schriften des deutschen Vereins

für

Armenpflege und Wohlthätigkeit.

Fünfundvierzigstes Heft.

Die für das Armenwesen wichtigsten Vorschriften des Bürgerlichen Gesetzbuches, bearbeitet von Brinkmann und Cuno.

Leipzig,
Verlag von Duncker & Humblot.
1899.

Die für das Armenwesen wichtigsten Vorschriften des Bürgerlichen Gesetzbuches.

Im Auftrage des deutschen Vereins für Armenpflege und Wohlthätigkeit

bearbeitet von

Bürgermeister **Brinkmann** und Stadtrat **Cuno**
in Königsberg i. Pr.

Leipzig,
Verlag von Duncker & Humblot.
1899.

Alle Rechte vorbehalten.

Pierer'sche Hofbuchdruckerei Stephan Geibel & Co. in Altenburg.

Vorwort.

In seiner Ausschußsitzung vom 6. Februar 1897 setzte der Verein eine Kommission, bestehend aus den Herren Stadtrat Dr. Münsterberg, Landgerichtsrat Dr. Aschrott und Bürgermeister Brinkmann, nieder, die sich mit den für das Armenwesen wichtigen Vorschriften des B.G.B. näher beschäftigen und die Form erwägen sollte, in der dem Verein von dem durch das B.G.B. geschaffenen Sachstande Kenntnis gegeben werden möge. Die Kommission hielt es für zweckentsprechend, das in Frage kommende Stoffgebiet in mehrere Abteilungen zu zerlegen und die Bearbeitung der in die einzelnen Abteilungen fallenden Fragen Referenten zur selbständigen Bearbeitung zu übertragen. Die Bearbeitung sollte in der Weise stattfinden, daß für die einzelnen Abteilungen eine systematische Darstellung nach den für die Armenpflege wichtigsten Gesichtspunkten erfolgte. Im übrigen sollten die Bearbeiter nicht gebunden sein und für die Bearbeitung die unmittelbare Verantwortung tragen. Die Kommission nahm hierbei an, daß von einer Erörterung des Gegenstandes in der Jahresversammlung abgesehen werden würde, da eine Diskussion über ein abgeschlossenes Gesetz nicht wohl angängig erschien. Es schien notwendig, aber auch hinreichend, wenn den Mitgliedern des Vereins, insbesondere den Armenverwaltungen, das Material in systematischer Ordnung dargeboten würde, sodaß sie sich über den gegenwärtigen Sachstand und etwaige Veränderungen der Rechtslage zu unterrichten imstande sind.

Die Bearbeitung übernahm zunächst der frühere Mag.-Assessor in Frankfurt a. M., jetzige Stadtrat in Posen, Herr Pohlmann. Die Kommission konnte jedoch die fleißige Bearbeitung durch Herrn Pohlmann insofern für die speciellen Zwecke des Vereins nicht als brauchbar erachten, als er zwar die juristischen Gesichtspunkte mit vollem Verständnis erörtert, dagegen die besonderen Beziehungen der Rechtsvorschriften zu der Praxis der Armenpflege nicht hinreichend klargestellt hatte. Im Anschluß an die Pohlmannschen Ausarbeitungen wurden daher die der eigent=

lichen Verwaltungspraxis der Armenpflege näher stehenden Herren Bürger=
meister Brinkmann=Königsberg und Stadtrat Cuno=Königsberg mit
der weiteren Bearbeitung betraut. Brinkmann übernahm die Abteilungen:
Gesetzliche Unterhaltspflicht und Ersatzansprüche zc., Cuno die Abteilungen:
Stiftungen und Familienrecht. — Die näheren Einzelheiten ergiebt das
ausführliche Inhaltsverzeichnis.

Leider war es nicht möglich — wie es ursprünglich beabsichtigt
war — die Arbeiten der Jahresversammlung in Breslau zu überreichen,
da sie nicht abgeschlossen werden konnten ohne Kenntnis der Bestimmungen
der wichtigsten Ausführungsgesetze, von denen nur erst ein Teil bis zum
September 1899 erschienen war.

Berlin, im Oktober 1899.

Im Auftrage der Kommission·

E. Münsterberg.

Inhaltsverzeichnis.

Erster Teil,
bearbeitet von Bürgermeister Brinkmann . . . . . . 1—53 Seite

I. Die gesetzliche Unterhaltspflicht.

A. Einleitung 3
B. Geltendes Recht 3
    1. Gemeines Recht 3
    2. Preußisches Allgemeines Landrecht 4
    3. Französisches Recht 5
C. Bürgerliches Gesetzbuch 5
    1. Unterhaltspflicht der Eheleute gegeneinander 5
    2. Unterhaltspflicht der Verwandten 7
        a. Kreis der unterhaltspflichtigen Verwandten 7
        b. Umfang und Inhalt der Unterhaltspflicht der Verwandten 8
        c. Voraussetzungen für die Entstehung der Unterhaltspflicht im Einzelfall 11
    3. Einzelheiten 13
        a. Zusammentreffen mehrerer Verpflichteter 13
        b. Zusammentreffen mehrerer Berechtigter 15
        c. Verminderung der Unterhaltspflicht 16
        d. Erweiterung der Unterhaltspflicht 16
        e. Unterhaltspflicht bei Annahme an Kindesstatt und bei Kindern aus nichtigen Ehen 18
        f. Unterhaltspflicht bei geschiedener Ehe 19
            α. Der Kinder 19
            β. Der Eheleute 20
        g. Unterhaltspflicht bei thatsächlicher Trennung . . . 21
        h. Rechte bei unehelicher Geburt 21
D. Schluß und Übergangsvorschriften 25

II. Die Ansprüche auf Ersatz der für den Unterhalt hilfsbedürftiger Personen gemachten Aufwendungen.

A. Einleitung 27
B. Ersatzansprüche der Armenverbände gegeneinander . . . 27
C. Ersatzansprüche der Armenverbände gegen dritte Verpflichtete 28
    1. Allgemeines 28
    2. Ersatzansprüche aus gesetzlicher Unterhaltspflicht . . 31
        a. Einwand der angebotenen Naturalverpflegung . . . 31
        b. Einwand des Verzichts oder der Vorausleistung . . 32
        c. Ansprüche für die Vergangenheit 34
        d. Die prozessualische Verfolgung 34
        e. Die Beitreibung 34
    3. Ersatzansprüche der Armenverbände aus der sogen. Arbeiterversicherung 37

		Seite
4. Ersatzansprüche der Armenverbände gegen dritte Verpflichtete aus anderweiten Verpflichtungsgründen		39
a. Aus der sogen. Haftpflicht im engeren Sinne		39
b. Aus unerlaubten Handlungen		40
c. Aus Dienstverträgen		42
D. Ersatzansprüche der Armenverbände gegen den Unterstützten selbst		43
E. Ersatzansprüche dritter Personen gegen Armenverbände		47
F. Erbrecht der Armenverbände und der Armenanstalten. Art. 139, E.G.		50
G. Verjährung		51

Zweiter Teil,

bearbeitet von Stadtrat Cuno . . . . 55—100

A. Stiftungen.

1. Vorbemerkung 57
2. Stiftungen des öffentlichen Rechts 58
3. Haftung der juristischen Personen 58
4. Entstehung der Stiftung 60
5. Übergang des Stiftungsvermögens auf die Stiftung 61
6. Verfassung der Stiftung 62
7. Vermögenserwerb der Stiftung 65
8. Verhältnis zu den Stiftungsberechtigten 68
9. Erlöschen der Stiftung 68
10. Rechtsfolgen des Erlöschens 69
11. Aufsicht über Stiftungen 70
12. Fiduziarische Stiftungen 72

B. Familienrecht.

1. Elterliche Gewalt 74
2. Staatliches Eingreifen in die elterliche Erziehung, a. Allgemeines . . . 77
3. b. Vormundschaftliches Einschreiten 78
4. c. Verfahren und Durchführung 81
5. d. Zwangserziehung 82
6. Beschränkung der elterlichen Gewalt in Bezug auf das Vermögensrecht . 86
7. Selbständigkeit der Frau in Bezug auf Erwerb und Verlust des Unterstützungswohnsitzes 86

C. Vormundschaftsrecht.

1. Gemeindewaisenrat 89
2. Pflichten des Gemeindewaisenrates. a. Fälle der Vormundschaft . . . 91
3. b. Gesetzliche Vormundschaft 93
4. c. Vorschlag des Vormundes 94
5. Überwachung des Vormundes 97
6. Aufsichtsrecht gegenüber dem Inhaber der elterlichen Gewalt . . . 98

D. Entmündigung.   99

E. Ersatzanspruch Dritter gegen Armenverbände.   100

I.

Referat

von

Bürgermeister **Brinkmann** in Königsberg i. Pr.

I. Die gesetzliche Unterhaltspflicht.

A. Einleitung.

Die Unterhaltspflicht, als welche im folgenden nur diejenige verstanden werden soll, die auf Ehegemeinschaft, Verwandtschaft und unehelicher Verwandtschaft beruht, kommt für die Armenverwaltungen nicht bloß insofern in Betracht, als aus ihr Ersatzansprüche für Aufwendungen der öffentlichen Armenpflege hergeleitet werden können. Sondern sie ist auch deshalb wichtig, weil hilfsbedürftige Personen, welche die Hilfe der öffentlichen Armenpflege in Anspruch nehmen wollen, in erster Reihe auf die zu ihrem Unterhalt Verpflichteten zu verweisen sind. Die Unterhaltspflicht bedarf deshalb einer besonderen, der Behandlung der Ersatzansprüche vorausgehenden Erörterung.

B. Geltendes Recht.

1. Gemeines Recht.

Der bisherige Rechtszustand ist folgender: Gemeinrechtlich ist der Ehemann zum Unterhalt seiner Frau verbunden (Dernburg, Pandekten Bd. III S. 10). Ob auch der Frau gegenüber dem Mann eine solche Unterhaltspflicht obliegt, ist eine wenig geklärte Streitfrage (Motive zum B.G.B. Bd. IV S. 126, Buengner, Alimentationspflicht S. 175). Eltern und Kinder haben diese Pflicht gegeneinander (Dernburg Bd. II S. 70). Doch sind auch die Großeltern verpflichtet, wenn die Eltern nicht leistungsfähig sind. Desgleichen erstreckt sich die Verpflichtung auf die Enkel und weiteren Abkömmlinge, falls Kinder nicht vorhanden oder die vorhandenen zur Alimentation außer stande sind. Gleichnahe Verwandte haften gemeinsam, ob jeder nur für einen Anteil oder auf das Ganze, ist streitig, ebenso wie die Frage, ob die Eltern nach den Kindern oder mit ihnen zusammen haften (Buengner a. a. O. S. 33 fg., 167 fg.).

Das uneheliche Kind hat Anspruch auf Unterhalt gegen seinen Erzeuger und gegen seine Mutter (Dernburg Bd. III S. 72, 73).

Die Mutter hat Anspruch gegen den Schwängerer auf Entbindungs- und Wochenbettskosten (Motive Bd. IV S. 906).

2. Allgemeines Landrecht.

Das Allgemeine Landrecht hat die Alimentationspflicht weiter ausgebildet und getreu seinem Bestreben, zu specialisieren, ins einzelne gehende Bestimmungen getroffen. So besagen die §§ 185 ff. A.L.R. II., 1 Folgendes:

§ 185. „Der Mann ist verbunden, seiner Frau standesgemäßen Unterhalt zu gewähren."

§ 186. „Mit dem notdürftigen Unterhalte muß sie sich begnügen, wenn ihr der Mann den standesmäßigen nicht verschaffen kann."

§ 187. „Zum Unterhalte der Frau gehören auch die betreffenden Kur- . . . . kosten."

Die Alimentationspflicht der Frau gegenüber dem Manne leitet man aus § 174, A.L.R. II, 1 her, welcher bestimmt:

„Eheleute sind schuldig, sich in allen Vorfallenheiten nach ihren Kräften wechselseitigen Beistand zu leisten." (Vergl. Rehbein u. Reincke, Allg. Landrecht Bd. III S. 44 Anm. 87.)

Hinsichtlich der Eltern und Kinder unterscheidet das Allgemeine Landrecht zwar zunächst, ob die Kinder noch unter der väterlichen Gewalt stehen oder nicht (§ 58 fg., 210 fg., 249 fg., A.L.R. II., 2). Doch kommt diese Unterscheidung nach der Seite der Verpflichtung kaum in Betracht. Denn, nachdem die §§ 63 bis 65 die Unterhaltspflicht der Eltern bezüglich der unter väterlicher Gewalt stehenden Kinder geregelt haben, bestimmt § 251 a. a. O. wörtlich:

„Auch nach aufgehobener väterlicher Gewalt sind Kinder und Eltern einander wechselseitig zu unterstützen und Eins das Andere, wenn es sich nicht selbst ernähren kann, mit Unterhalt zu versehen schuldig."

Nur wird hier in Bezug auf das Maß der Unterstützung unterschieden: Ist das Unvermögen, sich selbst zu ernähren, unverschuldet (Krankheit, Unglücksfälle) entstanden, so ist wechselseitig anständiger Unterhalt, ist der hilfsbedürftige Teil durch eigene Schuld verarmt oder hat er sich gegen den andern so betragen, daß dieser ihn zu enterben berechtigt sein würde, so braucht nur notdürftiger Unterhalt gewährt zu werden (§§ 252, 253 II, A.L.R.). Die Kinder müssen in solchen Fällen den Eltern in deren Wirtschaft und Gewerbe nach ihren Kräften behilflich sein (§ 254 a. a. O.).

Ebenso eingehend ist die Alimentationspflicht der weiteren Verwandten in den §§ 14 ff. A.L.R. II, 3 geregelt. Aus den diesbezüglichen Bestimmungen ist insbesondere hervorzuheben, daß im Gegensatz zum Gemeinen Recht, auch die Geschwister, und zwar ebenso voll- als halbbürtige, einander den notdürftigen Unterhalt zu gewähren verpflichtet sind, daß sich ferner die Verbindlichkeit der Verwandten hilflose

Familienglieder zu ernähren, nach den Regeln der gesetzlichen Erbfolge richtet und mehrere gleich nahe Verwandte den Unterhalt des dürftigen Familienmitgliedes gemeinschaftlich nach Verhältnis ihres Vermögens zu bestreiten haben, und daß endlich andere Seitenverwandte als Geschwister zwar zur Alimentation nicht verpflichtet sind, jedoch ihr gesetzliches Erbrecht verlieren, wenn sie die Verwandten „gegen ihre natürliche Pflicht" hilflos verlassen.

Die Rechte der unehelichen Kinder und der unehelichen Mutter sind schließlich im Gebiet des A.L.R. durch Gesetz vom 24. April 1854 eingehend geordnet.

3. Französisches Recht.

Der Code civil[1] beschränkt sich auf eine geringe Anzahl von Bestimmungen. Nach Artikel 214 I[5] ist der Mann schuldig, die Frau aufzunehmen und ihr alle Lebensbedürfnisse nach seinem Vermögen und Stande zu reichen. Dagegen hat die Ehefrau, welche die Gütersonderung ausgewirkt hat, nur nach dem Verhältnisse, in welchem ihr Vermögen zum Vermögen ihres Mannes steht, zu den Haushaltungskosten sowohl als zu den Erziehungskosten der gemeinschaftlichen Kinder beizutragen. Bleibt dem Manne nichts übrig, so muß sie die Kosten ganz tragen (Art. 1448 III[5]). Den Eltern liegt die gemeinschaftliche Verbindlichkeit ob, ihre Kinder zu ernähren, zu erhalten und zu erziehen (Art. 203 I[3]). Ebenso sind auch Kinder ihren Eltern und andern Ascendenten, wenn sie in Dürftigkeit sind, Unterhalt schuldig (Art. 205 a. a. O.). Auf gleiche Weise und unter denselben Umständen sind, im Unterschiede vom Gemeinen und Preußischen Recht auch Schwiegersöhne und Schwiegertöchter ihren Schwiegereltern zum Unterhalt verpflichtet (Art. 206). Der Unterhalt wird bemessen erstens nach dem Bedürfnisse dessen, der ihn fordert, und zweitens nach dem Vermögen dessen, der ihn zu reichen hat. Auch kann Aufenthalt nebst Unterhalt in eigener Wohnung angeboten werden (Art. 210).

Die Rechtslage der unehelichen Kinder ist im wesentlichen bestimmt durch das bekannte Verbot der Nachforschung, wer der Vater eines unehelichen Kindes ist (Art. 340 I[7]). Von diesem Verbot sind ausgenommen die Fälle der Entführung und der Notzucht, in welchen die Vaterschaftsklage zulässig ist. Außerdem begründet die freiwillige Anerkennung der Vaterschaft die Unterhaltspflicht.

C. Bürgerliches Gesetzbuch.

1. Unterhaltspflicht der Eheleute gegeneinander.

Die grundlegende Bestimmung des Bürgerlichen Gesetzbuchs über die Unterhaltspflicht der Eheleute zu einander ist der § 1360:

---

[1] Vergl. Förtsch, Vergleichende Darstellung des code civil und des Bürgerl. Gesetzbuchs S. 20, 32 fg.

„Der Mann hat der Frau nach Maßgabe seiner Lebensstellung, seines Vermögens und seiner Erwerbsfähigkeit Unterhalt zu gewähren. Die Frau hat dem Manne, wenn er außer stande ist, sich selbst zu unterhalten, den seiner Lebenshaltung entsprechenden Unterhalt nach Maßgabe ihres Vermögens und ihrer Erwerbsfähigkeit zu gewähren."

Hiermit sind die Zweifel des Gemeinen Rechts sowie des Preußischen Allgemeinen Landrechts beseitigt und die ungenügenden Bestimmungen des Französischen Rechts ergänzt.

Bei Gegenüberstellung der beiden angeführten Absätze des § 1360 B.G.B. fällt sofort der erhebliche Unterschied der Verpflichtungen der beiden Ehegatten ins Auge. Der Mann hat als Träger der Ehe seiner Frau unter allen Umständen Unterhalt zu gewähren, gleich viel ob sie bedürftig ist oder nicht, nur daß das Maß ein verschiedenes ist: je nach seiner Lebensstellung und seinen Mitteln, bei welchen letzteren jedoch nicht bloß auf das Vermögen gesehen wird, das er besitzt, sondern, ebenso — was für die Armenverwaltung besonders wichtig erscheint — auf das, was er täglich zu erwerben im stande ist. „Was er erwirbt, muß er zum Unterhalt des Haushaltes verwenden" (Motive Bd. IV S. 125). Dagegen tritt die Unterhaltspflicht der Frau nur aushilfsweise, nämlich nur dann ein, wenn der Mann nicht fähig ist, für sich allein zu sorgen, aber sie beschränkt sich dann ebenso nicht auf das Notwendige, sondern der dem Mann zu gewährende Unterhalt muß gleichfalls einerseits seiner Lebensstellung und andrerseits ihrem Vermögen und ihrer Erwerbsfähigkeit entsprechen. „Die Frau ist schon verpflichtet, mitzuverdienen oder mit ihrem Vermögen einzutreten im Falle, daß der Mann nicht den der eigenen und seiner Familie Lebensstellung entsprechenden Unterhalt beschaffen kann" (Motive Bd. IV S. 127). Die Armenverwaltungen werden also künftig nicht bloß die Ehefrau an den vermögenden Ehemann, sondern auch umgekehrt den bedürftigen Ehemann an die vermögende Ehefrau und deren Hilfe verweisen dürfen. Ebenso wird es ihnen erlaubt sein, das Vermögen und den Erwerb der Frau für nützliche Aufwendungen im Interesse des Ehemanns z. B. für die Kosten der Krankenhauspflege in Anspruch zu nehmen. Ja, nach der ausdrücklichen Bestimmung des § 1615 al. 2 B.G.B., welche nach § 1360 al. 3 letzter Satz auch auf das Verhältnis der Ehegatten zu einander Anwendung findet, hat jeder der beiden Ehegatten für die Kosten der Beerdigung des andern aufzukommen.

Regel ist nach § 1360 al. 2 erster Satz, daß der Unterhalt, welchen Ehegatten einander schulden, in der durch die eheliche Lebensgemeinschaft gebotenen Weise zu gewähren ist. Die Armenverwaltungen haben es aber erfahrungsmäßig häufig mit solchen Eheleuten zu thun, welche von einander getrennt leben. Es fragt sich deshalb, inwiefern getrennt lebende Eheleute Unterhaltsrechte gegen einander haben. Darüber giebt § 1361 B.G.B. Auskunft. Nur dann und für so lange Zeit besteht ein Unterhaltsrecht, als einer der beiden Ehegatten die Herstellung des ehelichen Lebens verweigern darf und thatsächlich verweigert, und zwar ist dann der Unterhalt durch Entrichtung einer Geldrente zu gewähren, es sei denn, daß die Bedürfnisse oder die Vermögens- und Erwerbsverhältnisse der Ehegatten den Wegfall der Rente oder ihre Beschränkung auf die Zahlung eines Beitrages als billig geboten erscheinen lassen. Den Armenverwaltungen ist somit anzuraten, falls sie künftig von einem getrennt lebenden Ehegatten für sich um Unterstützung angegangen werden, zunächst die Gründe für das Getrenntleben zu ermitteln und nur dann Hilfe zu gewähren, wenn die Trennung sich als berechtigt herausstellt, andernfalls aber jede Hilfe zu versagen und auf die Wiedervereinigung der getrennten Eheleute hinzuwirken. Das Nähere hierüber ist im Teil II: Ersatzansprüche, auf Seite 31 ausgeführt.

2. Unterhaltspflicht der Verwandten.

a. Kreis der unterhaltspflichtigen Verwandten.

„Verwandte in gerader Linie sind verpflichtet, einander Unterhalt zu gewähren."

Dies ist der zweite, in § 1601 B.G.B. niedergelegte grundlegende Satz, der die Alimentationspflicht betrifft.

Was sind Verwandte in gerader Linie? Die Begriffsbestimmung giebt § 1589:

„Personen, deren eine von der anderen abstammt, sind in gerader Linie verwandt. Personen, die nicht in gerader Linie verwandt sind, aber von derselben dritten Person abstammen, sind in der Seitenlinie verwandt. Der Grad der Verwandtschaft bestimmt sich nach der Zahl der sie vermittelnden Geburten."

Demnach sind in gerader Linie verwandt: Großeltern, Eltern, Kinder und die weiteren Anverwandten nach der Seite der Eltern und der Kinder. Dagegen sind nicht in gerader Linie, sondern in der Seitenlinie verwandt: die Geschwister und selbstverständlich die Geschwisterkinder und deren Abkömmlinge. Daraus folgt also, daß nach dem Bürgerlichen Gesetzbuch nur Kinder und Eltern, Enkel und Großeltern und dergleichen weitere Descendenten und Ascendenten gegen- und untereinander unterhaltspflichtig und unterhaltsberechtigt sind, nicht aber im Gegensatz zum Preußischen Allgemeinen Landrecht, jedoch in Übereinstimmung mit dem Gemeinen Recht die Geschwister. Wie die Motive und der § 1480 des Entwurfs ergeben, hat man anfangs im Interesse der Entlastung der öffentlichen Armenpflege auch die Unterhaltspflicht der Geschwister aufzunehmen beabsichtigt, sie aber nachträglich doch fallen gelassen (Motive Bd. IV S. 679, Reatz, zweite Lesung des B.G.B. Bd. II S. 141). Ebenso wenig begründet die Verschwägerung, d. h. nach § 1590 B.G.B. das Verhältnis der Verwandten des einen Ehegatten zu dem andern und zu dessen Verwandten irgend welche Unterhaltspflicht, so daß durch das B.G.B. die singuläre oben erwähnte Unterhaltspflicht der Schwiegersöhne und Schwiegertöchter gegenüber den Schwiegereltern aus dem Französischen Recht beseitigt ist. In dem somit eng begrenzten

Kreise der Unterhaltsberechtigten und Verpflichteten bedingt die elterliche Gewalt, aus der die Kinder mit der Volljährigkeit heraustreten (§ 1626 B.G.B.) im allgemeinen keinen Unterschied. Vergl. jedoch das bei 3ᵈ Gesagte über die Mithaftung des Ehegatten aus dem gemeinschaftlichen Vermögen.

b. Umfang und Inhalt der Unterhaltspflicht der Verwandten.

Darüber besagt zunächst § 1610 B.G.B.:

„Das Maß des zu gewährenden Unterhalts bestimmt sich nach der Lebensstellung des Bedürftigen (standesmäßiger Unterhalt).

Der Unterhalt umfaßt den gesamten Lebensbedarf, bei einer der Erziehung bedürftigen Person auch die Kosten der Erziehung und der Vorbildung zu einem Berufe."

Also standesgemäßer Unterhalt muß gewährt werden, nicht nur das Notwendige, was auf Grund des Unterstützungswohnsitzgesetzes gegeben werden muß. Was „standesmäßig" ist, läßt sich selbstverständlich nicht allgemein sagen, das „Standesmäßige" richtet sich nach dem Beruf, der wirtschaftlichen Stellung u. s. w. des Bedürftigen. Unterschiede nach den einzelnen Kategorien der Berechtigten und Verpflichteten, so daß die einen das Standesmäßige, die andern nur das Notdürftige zu fordern bezw. zu leisten hätten, werden nicht gemacht. Dagegen hat nach § 1611 B.G.B. statt des standesgemäßen nur den notdürftigen Unterhalt zu fordern, wer durch sein sittliches Verschulden bedürftig geworden ist, nicht schon, wie es in § 153 A.L.R. heißt: wer durch eigene Schuld verarmt ist, und der gleichen Beschränkung unterliegt der Unterhaltsanspruch der Abkömmlinge, der Eltern und — was für die Erörterung zu 1 noch nachzuholen ist — des Ehegatten, wenn sie sich einer Verfehlung schuldig machen, die den Unterhaltspflichtigen berechtigt, ihnen den Pflichtteil zu entziehen, — §§ 2333 bis 2335 und 1565, 1568 B.G.B. — sowie der Unterhaltsanspruch der Großeltern und der weiteren Voreltern, wenn ihnen gegenüber die Voraussetzungen vorliegen, unter denen Kinder berechtigt sind, ihren Eltern den Pflichtteil zu entziehen. Der oben bereits citierte Absatz 2 des § 1610 B.G.B. legt ferner den Umfang dessen, was zu gewähren ist, dahin fest, daß er jedenfalls in sich begreift: Nahrung, Kleidung, Obdach (gesamter Lebensbedarf), ferner aber auch die Kosten der Erziehung und der Vorbildung zu einem Beruf. Letzteres wäre z. B. das Lehrgeld, welches gezahlt werden muß, um den Knaben ein Handwerk lernen, das Entgelt, welches gefordert wird, um das Mädchen eine Nähschule besuchen zu lassen. Neu ist hier namentlich, ausgenommen für das Königreich Sachsen, wo § 1846 des sächsischen Bürgerlichen Gesetzbuchs bereits die gleiche Bestimmung enthielt, daß nicht nur die Unterhaltspflicht der Eltern, sondern auch die anderer Verwandten sich bei Kindern auf die Kosten der Erziehung miterstreckt. Die Motive Bd. IV S. 696 bemerken hierzu: „Die durch die Verwandtschaft begründete natürliche und sittliche Pflicht bringt es mit sich, daß in

Ermangelung der Eltern die übrigen unterhaltspflichtigen Verwandten bei einer noch der Erziehung bedürftigen Person für die geistige Entwicklung und die Ausbildung derselben zu einem besonderen Lebensberufe Sorge tragen müssen. Diese Erweiterung der Unterhaltspflicht entspricht auch den Interessen des Staates und der Gesellschaft. Um so mehr empfiehlt es sich, die Unterhaltspflicht ihrem Inhalt nach in der gedachten Art zu bestimmen, als nach verschiedenen Armengesetzgebungen z. B. von Bayern, Baden, Anhalt und Sachsen selbst der von den Armenverbänden den Kindern zu gewährende Unterhalt auch die Kosten der Erziehung einschließlich des Unterrichts und der Ausbildung zu einem Beruf umfaßt. Was im einzelnen zum Lebensbedarf oder zu den Kosten der Erziehung sowie der Vorbildung zu einem besonderen Beruf gehört, läßt sich im Gesetz nicht näher bestimmen. Insbesondere läßt auch die Frage, ob die Kosten für ein Universitätsstudium zu den Alimenten zu rechnen sind, eine allgemeine Entscheidung nicht zu. Vielmehr ist diese Frage in jedem einzelnen Fall unter Berücksichtigung der konkreten Verhältnisse zu entscheiden."

Zu dem, was unter „Unterhalt" verstanden werden soll, gehört schließlich auch gegenüber den Verwandten das Begräbnis, das heißt: der Verpflichtete hat auch die Kosten eines standesmäßigen Begräbnisses zu tragen und ist nicht berechtigt, nur ein notdürftiges Begräbnis auf Kosten der öffentlichen Armenpflege ausführen zu lassen. Er ist nicht verbunden, das Begräbnis selbst zu besorgen, ist aber demjenigen, der es besorgt, in Höhe des Betrages eines „standesmäßigen" Begräbnisses, nicht aber für die Kosten der Feuerbestattung ersatzpflichtig (§ 1615 Abs. 2). Dagegen sind die Kosten der Taufe, welche der Entwurf — § 1488 — in die Unterhaltspflicht der Verwandten mit hineinbeziehen wollte, in das B.G.B. nicht mit aufgenommen. Ebenso gehören Prozeßkosten nicht zu den Alimenten, welche Verwandte einander zu gewähren haben. Motive Bd. IV S. 696. Auch erstreckt sich die Unterhaltspflicht, selbst die der Eltern, nur immer auf die persönlichen Bedürfnisse des Berechtigten, nicht auch auf die seiner Familie, insbesondere nicht die seines Ehegatten. S. 698.

Wie muß ferner der Unterhalt gewährt werden? Die Antwort konnte bei einem Gesetzbuch unserer Zeit, abgesehen davon, daß die Ehegemeinschaft etwas anderes bedingt, nur lauten: „der Regel nach in Geld, nur ausnahmsweise in Natur." „Die Naturalleistung," so heißt es in den Motiven Bd. IV S. 702, „entspricht allerdings oft dem Interesse des Verpflichteten am meisten, dagegen den individuellen Verhältnissen und den Anforderungen der Pietät am wenigsten, namentlich in solchen Fällen, in welchen Ascendenten der Unterhalt von seiten der Descendenten zu gewähren ist oder in welchen ein schlechtes Verhältnis zwischen den Beteiligten besteht. Wählt in solchen Fällen der Verpflichtete die Naturalleistung, so kann dadurch dem Berechtigten der Unterhaltsanspruch unter Umständen faktisch völlig illusorisch gemacht werden, oder es wird diese Art der Gewährung des Unterhalts eine stete Quelle von Streitigkeiten und Prozessen, namentlich auch über die Frage, ob die einzelnen Naturalleistungen dem Anspruche auf standesmäßigen Unterhalt entsprechen." Wer häufiger Gelegenheit gehabt hat, für den Armenverband Ersatzansprüche zu verfolgen, welche auf der Unterhaltspflicht der Verwandten beruhten, wird wissen, wie gern bisher der Unterhalt im eigenen Hause angeboten wurde, um — infolge der Annahmeweigerung des Berechtigten — die Verpflichtung los zu werden, und wird dem Gesetzgeber für die Umwandlung der Unterhaltspflicht in baar Geld dankbar sein.

Das „Geld" ist nicht einmalig zu zahlen, sondern gemäß dem fortlaufenden, sich erneuernden Anspruch des Berechtigten in „einer Rente" (§ 1612). Daneben hat aber das Bürgerliche Gesetzbuch in Anlehnung an den Code civil (Motive Bd. IV S. 702) den Zusatz gemacht:

„Der Verpflichtete kann verlangen, daß ihm die Gewährung des Unterhaltes in anderer Art gestattet wird, wenn besondere Gründe es rechtfertigen."

Die Worte: „Der Verpflichtete kann verlangen" bedeuten, daß beim Streit der Parteien im einzelnen Fall der Richter zu entscheiden hat, in welcher Art der Unterhalt zu gewähren ist. Es wird daher Aufgabe der richterlichen Praxis sein, diejenigen Gründe zu finden, welche eine Naturalverpflegung, sei es im Haushalt des Verpflichteten oder bei einem Dritten, gerechtfertigt erscheinen lassen. Dabei wird nicht nur Rücksicht auf die Person des Leistenden, dem eine Geldrente vielleicht unerschwinglich ist, zu nehmen sein, sondern insbesondere auch auf die Person des Berechtigten, dem gegenüber aus Gründen seiner Persönlichkeit, z. B. wegen Trunksucht, Leichtsinn, Verschwendung lediglich Unterstützung durch Wohnung, Kost u. s. w. sehr wohl angebracht erscheinen kann. Das Vorliegen von persönlichen Gründen erkennt das B.G.B. — § 1612 al. 2. — in dem Falle allgemein an, daß Eltern einem unverheirateten Kinde Unterhalt zu gewähren haben. Sie können einseitig bestimmen, in welcher Art und für welche Zeit im voraus der Unterhalt gewährt werden soll. Aus besonderen Gründen kann aber wiederum das Vormundschaftsgericht auf Antrag des Kindes die Bestimmung der Eltern ändern.

Wird sonst entweder durch Urteil des Gerichts oder durch Übereinkunft der Parteien festgesetzt, daß eine Geldrente zu zahlen ist, so kann deren vierteljährliche Vorauszahlung gefordert werden. Mit dem Beginn des Zeitabschnitts ist der volle Betrag verfallen, so daß auch bei inzwischen eintretendem Tode des Berechtigten eine Rückforderung nicht stattfindet (§§ 760, 1612 Abs. 3 B.G.B.).

Nach dem gleichen Grundsatz, nach welchem die Armenpflege niemals für die Vergangenheit aufzukommen hat, weil nämlich „Gegenstand der Unterhaltspflicht nicht die einzelnen Leistungen als solche sind, sondern die Befriedigung der Bedürfnisse des Berechtigten durch Darreichung der dazu erforderlichen Mittel" (Motive Bd. IV S. 705), kann für die Vergangenheit, abgesehen von den Fällen des Verzuges und der Rechtshängigkeit, Erfüllung der Unterhaltspflicht nicht mehr nachgefordert werden — § 1613 B.GB., und zwar selbst dann nicht, wenn der Berechtigte, um sich zu unterhalten, hat Schulden machen müssen —

Motive Bd. IV S. 705. Umgekehrt ist, was namentlich für die Armen=
verwaltung von Wichtigkeit erscheint, ein Verzicht auf den Unterhalt für
die Zukunft unzulässig, und auch durch Vorausleistung wird der Ver=
pflichtete bei erneuter Bedürftigkeit des Berechtigten in der Regel
nur für einen Zeitabschnitt von drei Monaten befreit. — § 1614 B.G.B.
Näheres auch hierüber im Teil II: „Ersatzansprüche".

c. Voraussetzungen für die Entstehung der Unterhalts=
pflicht im Einzelfalle.

Der Wortlaut der letzterwähnten Gesetzesvorschrift deutet bereits
darauf hin, daß die Unterhaltspflicht der Verwandten untereinander nur
unter gewissen Voraussetzungen eintritt. Während, wie wir sahen, die
Ehefrau in jeder Vermögenslage vom Ehemann Unterhalt zu fordern
berechtigt ist, kann derjenige, der sein Unterhaltsrecht aus dem Recht der
Verwandtschaft herleitet, Unterhalt nur dann verlangen, „wenn er außer
stande ist, sich selbst zu unterhalten" (§ 1602 B.G.B.). Der Unter=
haltsberechtigte muß, bevor er seine Verwandten beanspruchen will, auch
den Stamm seines Vermögens aufgezehrt haben. Das Gegenteil könnte
dahin führen, daß er den Stamm seines Vermögens zu anderen Zwecken
vergeudet oder daß er sein Vermögen behält, während der Verwandte
infolge seiner Unterhaltspflicht sich selbst ein Kapital zu sammeln ver=
hindert sein würde (Motive Bd. IV S. 681). Andererseits ist derjenige,
der auf Grund der Verwandtschaft unterhaltspflichtig ist, nur dann zu
irgend welchen Leistungen verbunden, wenn und insoweit er bei Berück=
sichtigung seiner sonstigen Verpflichtungen ohne Gefährdung seines
standesmäßigen Unterhalts dazu imstande ist (§ 1603 B.G.B.). „Das
Recht und die Pflicht der Selbsterhaltung geht der Pflicht, andere zu
unterstützen, vor" (Motive Bd. IV S. 685). Diese beiden Voraus=
setzungen: auf seite des Berechtigten das Unvermögen, sich selbst zu
unterhalten, auf seiten des Verpflichteten die Leistungsfähigkeit bilden
nach der Intention des Gesetzgebers derart die Grundlagen des Unter=
haltsanspruchs, daß ein solcher ohne das Vorhandensein beider Voraus=
setzungen überhaupt nicht existent wird. Das ergiebt sich außer aus den
Motiven aus der Anordnung des Gesetzgebers, der die beiden citierten
Paragraphen an die Spitze des Titels über die Unterhaltspflicht ge=
setzt hat, und daraus folgt wiederum, daß, wer den Unterhaltsanspruch
erhebt, nach beiden Richtungen den Beweis zu erbringen hat.
Dies war in Bezug auf die Beweispflicht für die erste Voraussetzung
auch bisher schon als geltendes Recht angenommen. Dagegen gilt für
das Gebiet des Pr. A.L.R. die Deklaration vom 21. Juli 1841, wonach
der Unterhaltspflichtige seine Leistungsunfähigkeit zu beweisen hat.
Dieser Grundsatz soll künftig aufgehoben und in sein Gegenteil verkehrt
sein. Zwar könnte vielleicht aus Art. 103 E.G. z. B.G.B. das Umgekehrte
gefolgert werden. Allein, wie wir aus den Motiven Bd. IV S. 687
erfahren, ist die negative Fassung des § 1603 B.G.B.: „Unterhalts=

pflichtig ist nicht, wer …." absichtlich so gewählt, um unzweideutig zum Ausdruck zu bringen, daß der Gesetzgeber die Leistungsfähigkeit des Beklagten als eine Voraussetzung für die Entstehung des Unterhaltsanspruchs, als eine rechtserzeugende Thatsache auffaßt, für welche somit der Kläger beweispflichtig ist.

Diese Regelung der Beweislast ist beide Male in den Motiven — Bd. IV S. 683 und S. 687 — eingehend gerechtfertigt. Was jedoch den Beweis selbst für die Leistungsfähigkeit des Verpflichteten anbetrifft, so genügt der Kläger seiner Beweispflicht durch den Nachweis, daß der Beklagte nach seinen aktiven Vermögensverhältnissen und seinen Erwerbsverhältnissen ohne Gefährdung des eigenen standesmäßigen Unterhalts den Unterhalt zu gewähren imstande sei. Will der Beklagte seine Unterhaltspflicht mit Rücksicht auf anderweite ihm obliegende Verpflichtungen ablehnen, so ist es seine Sache, die Existenz solcher Verpflichtungen zu beweisen. Ebenso liegt ihm der Beweis anderer besonderer, für die Bemessung der Leistungsfähigkeit erheblicher Umstände ob, z. B. der Beweis der Behauptung, daß er wegen Kränklichkeit zu seinem eigenen Unterhalt mehr wie gewöhnlich bedürfe. Der Unterhaltsverpflichtete hat also seinerseits den Gegenbeweis zu führen, wenn er die vom Gegner beigebrachten, rechtserzeugenden Thatsachen durch Einwendungen entkräften will.

Wer gilt nun als außer stande, sich selbst zu unterhalten? Darüber giebt das oben Gesagte bereits Aufschluß. Weil „standesgemäßer" Unterhalt verlangt werden kann, ist jeder unterhaltsberechtigt, der nachzuweisen vermag, daß er den standesgemäßen Unterhalt zu erwerben nicht fähig ist. Zur Ungerechtigkeit aber würde es führen, wenn die Gegenpartei, um der Unterhaltspflicht zu genügen, sich selbst den standesgemäßen Unterhalt verkürzen müßte. Deswegen darf sie sich mit einem dahingehenden Einwand schützen. Bei Prüfung dieses Einwandes sollen „die sonstigen Verpflichtungen" berücksichtigt werden. Wie dies zu geschehen hat, wird sich allgemein nicht sagen lassen. Es wird vielmehr Thatfrage des einzelnen Falles sein. Daß der Richter nicht schematisch verfahren soll, indem er einfach die Passiva von den Aktiven abzieht, heben die Motive ausdrücklich hervor. Ebenso betonen sie, daß bei Bemessung der Unterhaltsfähigkeit neben dem Vermögen nicht bloß der wirkliche Arbeitsverdienst, sondern die Erwerbskraft in Betracht zu ziehen ist. Kann der Verpflichtete so viel durch seine Arbeitskraft erwerben, daß er auch den Unterhalt des Bedürftigen davon zu bestreiten imstande ist, so ist er auch verpflichtet, seine Kräfte dementsprechend anzuspannen — cf. Motive Bd. IV S. 685 —, eine Auffassung, welche hoffentlich die Armenverwaltungen mehr als früher in den Stand setzen wird, arbeitsunlustige Personen zur Erfüllung ihrer Unterhaltspflicht zu bestimmen.

Von dem Grundsatz, daß der Unterhaltsberechtigte zuvor sein eigenes Vermögen verbraucht haben muß, bevor er seine Verwandten in Anspruch nehmen kann, wird zu Gunsten des minderjährigen unverheirateten Kindes gegenüber seinen Eltern durch § 1602 Abs. 2 B.G.B. eine Ausnahme gemacht. Es braucht nicht sein Vermögen selbst — gemeint ist natürlich das freie Vermögen im Sinne der §§ 1650, 1651 B.G.B. — aufzubrauchen, muß jedoch außer dem Arbeitsertrage die Einkünfte seines Vermögens zu seinem Unterhalt verwenden. Reicht beides nicht aus, so haben die Eltern das Fehlende zuzuschießen. Eine ähnliche Erschwerung der Unterhaltspflicht der Eltern gegenüber ihren minderjährigen unverheirateten Kindern enthält § 1603 Abs. 2 B.G.B. Danach sind die Eltern verpflichtet, alle verfügbaren Mittel über die durch Abs. 1 desselben Paragraphen konstituierte Verpflichtung hinaus zu ihrem und der Kinder Unterhalt gleichmäßig zu verwenden, es sei denn, daß ein anderer unterhaltspflichtiger und, wie sich von selbst versteht, leistungsfähiger Verwandter vorhanden ist oder das Kind selbst Vermögen besitzt, dessen Stamm in diesem Falle, entgegen der eben citierten Vorschrift in § 1602 Abs. 2, zum Unterhalt des Kindes zunächst aufzubrauchen ist.

Die Unterhaltspflicht, selbst diejenige, die durch Urteil für die Zukunft festgestellt ist, bleibt nicht immer unverändert, sie verwandelt sich vielmehr mit den Verhältnissen des Berechtigten und Verpflichteten sowohl der Höhe als der Art nach. Allerdings können, wenn ein rechtskräftiges Urteil vorliegt, nur diejenigen Gründe geltend gemacht werden, welche nach dem Schlusse der letzten mündlichen Verhandlung des früheren Prozesses, in der sie hätten vorgebracht werden müssen, entstanden sind (§ 686 C.P.O., Motive Bd. IV S. 707). Die Abänderung ist geltend zu machen im Wege der Klage bei dem Gericht, bei welchem der frühere Prozeß in erster Instanz anhängig war. Beweispflichtig ist aber sowohl für die Veränderungen in der eigenen Person als in der des Gegners der Kläger, d. h. derjenige, der die Änderung der früheren Feststellung herbeiführen will (Motive a. a. O.). Wenn der Unterhaltspflichtige verlangt, daß ihm künftig Naturalleistung verstattet werde, so wird er den Nachweis führen müssen, daß ihm Baraufwendungen aus seinem Erwerb unmöglich sind. Wenn er dagegen Befreiung verlangt, so wird er entweder nachweisen müssen, daß der Berechtigte inzwischen zu eigenem Vermögen gelangt ist oder daß bei ihm selbst die Voraussetzungen des § 1603 Abs. 1 B.G.B. eingetreten sind. Wie in diesen Fällen, so endigt auch bei dem Tode des Berechtigten oder Verpflichteten die Unterhaltspflicht (§ 1615 B.G.B.).

3. Einzelheiten.

a. Zusammentreffen mehrerer Verpflichteter.

Wenn dem Unterhaltsverpflichteten mehrere — leistungsfähige — Verpflichtete gegenüberstehen, so fragt es sich, wen er von diesen zunächst in Anspruch nehmen darf. Hier kommt zunächst § 1608 B.G.B. in Betracht:

„Der Ehegatte des Bedürftigen haftet vor dessen Verwandten. Soweit jedoch der Ehegatte bei Berücksichtigung seiner sonstigen Verpflichtungen außer stande ist, ohne Gefährdung seines standesmäßigen Unterhalts den Unterhalt zu gewähren, haften die Verwandten vor dem Ehegatten."

Daß der Ehemann vor den Verwandten seiner Frau haftet, folgt bereits aus § 1360 Abs. 1, da hiernach, wie wir sahen, der Mann ohne Einschränkung selbst unter Zuhilfenahme seines Vermögens seiner Frau Unterhalt zu gewähren hat (Motive Bd. IV S. 689). Nicht folgt aber das Gleiche aus § 1360 Abs. 2 bezüglich der Ehefrau, da ihre Verpflichtung nur eine subsidiäre ist. In Bezug auf ihre Unterhaltspflicht in Konkurrenz mit anderweiten Verpflichtungen war deshalb die Vorschrift im ersten Satz des § 1608 zur Klarstellung notwendig. Wenn der Gesetzgeber nun im zweiten Satz fortfährt: „Soweit jedoch," so ist damit gesagt, daß, wenn Ehemann oder Ehefrau einander nur das Notdürftige gewähren können, ohne den eigenen standesmäßigen Unterhalt zu gefährden, ergänzend bis zum standesmäßigen Unterhalt die Pflicht der Verwandten eintritt.

Wie diese Verwandten wieder untereinander rangieren, ergiebt sich sowohl für den Fall des Zusammentreffens mit einem unterhaltspflichtigen Ehegatten als allgemein aus den §§ 1606 und 1607. Die Abkömmlinge sind vor den Verwandten der aufsteigenden Linie unterhaltspflichtig. Die Unterhaltspflicht der Abkömmlinge untereinander bestimmt sich wiederum nach der gesetzlichen Erbfolgeordnung und nach dem Verhältnisse der Erbteile (cf. §§ 1924 ff. B.G.B.).

Unter den Verwandten der aufsteigenden Linie haften die näheren vor den entfernteren, mehrere gleichnahe zu gleichen Teilen. Der Vater haftet jedoch vor der Mutter; steht die Nutznießung an dem Vermögen des Kindes der Mutter zu, so haftet die Mutter vor dem Vater (§ 1606 al. 2 B.G.B.).

Soweit ein Verwandter auf Grund des § 1603 nicht unterhaltspflichtig ist, hat der nach ihm haftende Verwandte den Unterhalt zu gewähren.

„Das Gleiche gilt, wenn die Rechtsverfolgung gegen einen Verwandten im Inland ausgeschlossen oder erheblich erschwert ist." (§ 1607 al. 2.)

Die Bedeutung dieser Bestimmungen wird vielleicht am besten klar durch eine Reihe von Beispielen:

1. X., der außer stande ist, sich selbst zu unterhalten, hat einen vermögenden Vater und zwei in guten Verhältnissen lebende, erwerbsfähige Söhne. Die letzteren sind gemeinsam je zur Hälfte unterhaltspflichtig, der Vater bleibt frei.

2. Der Vater des X. verliert sein Vermögen und kann wegen hohen Alters einem Erwerb nicht nachgehen. Da X. zur Gewährung eines Unterhalts unfähig ist, so haften auch für den Großvater seine (des X.) Söhne zu gleichen Teilen wie bei Beispiel 1.

3. Der Vater des X. und X. selbst sind leistungsfähig, die Söhne dagegen außer stande, sich selbst zu unterhalten. Es haftet für ihren Unterhalt allein X.

4. X. wird leistungsunfähig, während sein Vater leistungsfähig geblieben. Jetzt haftet letzterer für den Unterhalt seiner Enkel.

5. Neben dem Vater des X. ist noch der Vater der verstorbenen Frau des X. vorhanden. Beide haften, wenn sie leistungsfähig sind, für den Unterhalt der Enkel zu gleichen Teilen.

6. X. ist leistungsfähig, seine Frau hat aber den Nießbrauch an dem Vermögen der Kinder. Sie haftet vor ihrem Mann, der erst nach ihr verpflichtet ist (§ 1606 al. 2).

Dieselben Beispiele gelten auch, wenn eine der unterhaltspflichtigen Personen gestorben ist oder „die Rechtsverfolgung im Inlande gegen sie ausgeschlossen oder wesentlich erschwert ist." Ausgeschlossen ist die Rechtsverfolgung, wenn überhaupt kein Gerichtsstand für die Klage begründet ist (vgl. §§ 1—32 C.P.O.), oder die Zwangsvollstreckung nicht durchzuführen ist. Wann die Rechtsverfolgung als erheblich erschwert anzusehen ist, wird Thatfrage des einzelnen Falles sein.

b. Zusammentreffen mehrerer Berechtigter.

Die Gegenseite des Zusammentreffens mehrerer Verpflichteter ist das Zusammentreffen mehrerer Berechtigter. Hierüber sagt das Bürgerliche Gesetzbuch in § 1609 folgendes:

„Sind mehrere Bedürftige vorhanden und ist der Unterhaltspflichtige außer stande, allen Unterhalt zu gewähren, so gehen unter ihnen die Abkömmlinge den Verwandten der aufsteigenden Linie, unter den Abkömmlingen diejenigen, welche im Falle der gesetzlichen Erbfolge als Erben berufen sein würden, den übrigen Abkömmlingen, unter den Verwandten der aufsteigenden Linie die näheren den entfernteren vor."

„Der Ehegatte steht den minderjährigen unverheirateten Kindern gleich, er geht anderen Kindern und den übrigen Verwandten vor."

Auch hier mögen Beispiele zur Erläuterung dienen:

X. hat seinen Vater und Großvater noch am Leben, desgleichen einen Sohn und einen Enkel.

1. Sind alle vier Personen außer X. außer stande, sich selbst zu unterhalten, so geht hinsichtlich seiner Unterhaltsberechtigung der Sohn des X. allen anderen vor.

2. Ist der Sohn des X. gestorben, so geht dessen Enkel dem Vater des X. und seinem Großvater vor.

3. Ist der Sohn des X. leistungsfähig, so daß er seinen eigenen Sohn unterhalten kann, so ist der Vater des X. gegenüber dem letzteren zunächst unterhaltsberechtigt.

4. Kann der Vater des X. noch für sich selbst sorgen, aber seinen eigenen Vater nicht mehr alimentieren, so hat dieser gegen X. einen Anspruch, falls dessen Kinder erwerbsfähig sind.

5. Hat X. noch eine Ehefrau, so geht sie mit ihrem Anspruch auf Unterhalt dem Vater und Großvater des X. sowie seinen volljährigen

Kindern und Enkeln vor. Sie steht nur in gleicher Linie mit etwaigen minderjährigen Kindern des X.

c. Verminderung der Unterhaltspflicht.

Daß unter Umständen statt des standesgemäßen Unterhalts nur der notdürftige Unterhalt gefordert werden kann, ist schon oben bei Besprechung des Umfanges der Unterhaltspflicht der Verwandten erörtert. Hier wäre nur noch hinzuzufügen, daß nach § 1611 Abs. 3 B.G.B. der Bedürftige wegen einer nach den citierten Vorschriften eintretenden Beschränkung seines Anspruchs nicht andere Unterhaltspflichtige in Anspruch nehmen kann.

d. Erweiterung der Unterhaltspflicht.

Schon oben bei Besprechung des Umfanges und Inhalts der Unterhaltspflicht sahen wir, wie gewisse Bevorzugungen der minderjährigen unverheirateten Kinder dazu führen, daß die Unterhaltspflicht der Eltern nach verschiedenen Richtungen hin eine Erschwerung erleidet. Das B.G.B. zählt aber in seinen §§ 1604 und 1605 noch eine Reihe anderer Fälle auf, in denen gleichfalls die vorhandene Unterhaltspflicht erweitert wird.

Nach § 1363 BGB. wird das eingebrachte Gut der Frau, zu welchem auch das während der Ehe von ihr erworbene Vermögen gehört, durch die Eheschließung der Verwaltung und Nutznießung des Mannes unterworfen. Sie selbst kann also weder über dies Vermögen noch auch nur über die Einkünfte aus demselben frei verfügen, und es wäre deshalb — ohne entgegenstehende Vorschrift — nur folgerichtig, wenn dieses eingebrachte Gut der Frau, bei der gemäß § 1603 B.G.B stattfindenden Beurteilung ihrer Leistungsfähigkeit, außer Berechnung bleiben würde. Darin würde jedoch den unterhaltsberechtigten Verwandten der Frau gegenüber unter Umständen eine große Härte liegen. Auch der gesunde Menschenverstand würde sich nur schwer damit abfinden, wenn eine sehr vermögende Frau infolge der Eheschließung als unfähig zur Unterhaltsgewährung angesehen werden und somit für ihre notleidenden Verwandten aus der Reihe der unterhaltspflichtigen Personen ausscheiden sollte. Deshalb soll für die Frage, ob die Frau zur Gewährung des Unterhalts an ihre Verwandten im stande ist, die dem Mann an dem eingebrachten Gute zustehende Verwaltung und Nutznießung nicht in Betracht kommen. § 1604 al. 1 B.G.B.

Noch mehr kommt dem unterhaltsberechtigten Verwandten die weitere Bestimmung zu Gut, welche für den Fall gilt, daß in einer Ehe allgemeine Gütergemeinschaft oder Errungenschaftsgemeinschaft oder Fahrnisgemeinschaft besteht. Auch nach bisheriger Praxis wurde zwar für das Gebiet der preußisch-rechtlichen Gütergemeinschaft, die im Gegensatz zum B.G.B. als Regel galt, sofern sie nicht durch Vertrag ausgeschlossen war, als geltendes Recht angenommen, daß die Unterhaltsverpflichtungen jedes der Ehegatten ihr beiderseitiges gütergemeinschaftliches Vermögen belaste, so daß bei bestehender Gütergemeinschaft jeder Ehegatte für die unterhaltsbedürftigen Verwandten des andern Teils mit aufzukommen habe. Indessen ließ sich doch dieser eine in der Praxis angenommene Grundsatz nicht ohne weiteres auf andere eheliche Gemeinschaften, als die vollständige Gütergemeinschaft übertragen. Es dient deshalb sicherlich zur Beseitigung von Zweifeln aller Art, wenn es nunmehr im B.G.B. § 1604 al. 2 heißt, daß in dem Falle der Gütergemeinschaft, der Errungenschaftsgemeinschaft oder der Fahrnisgemeinschaft die Unterhaltspflicht des Mannes oder der Frau Verwandten gegenüber sich so bestimmt, wie wenn das Gesamtgut d. i. dasjenige, was in jeder der drei Gemeinschaftsarten das gemeinschaftliche Vermögen beider Ehegatten bildet — § 1438 — dem unterhaltspflichtigen Ehegatten gehörte, und es ist nur konsequent, wenn weiterhin gesagt ist, daß, wenn bedürftige Verwandte beider Ehegatten vorhanden sind, der Unterhalt aus dem Gesamtgut so zu gewähren ist, wie wenn die Bedürftigen zu beiden Ehegatten in dem Verwandtschaftsverhältnis ständen, auf dem die Unterhaltspflicht des verpflichteten Ehegatten beruht. Für die Errungenschaftsgemeinschaft in der Ehe gelten noch besondere, das Gesamtgut belastende Vorschriften. So sagt § 1534 ausdrücklich, daß das Gesamtgut für Verbindlichkeiten der Frau haftet, die ihr auf Grund der gesetzlichen Unterhaltspflicht obliegen. So gilt nach § 1527 die Vermutung, daß das vorhandene Vermögen Gesamtgut — aus der Errungenschaftsgemeinschaft — sei, und der Erwerb aus dem Betriebe eines Erwerbsgeschäfts gehört nach § 1524 al. 1 letzter Satz — unter allen Umständen zur Errungenschaftsgemeinschaft.

In allen diesen Vorschriften macht sich der durchaus der Billigkeit entsprechende Grundsatz geltend, daß das auf dem Naturgesetz der Familienzugehörigkeit beruhende Unterhaltsrecht der Verwandten durch anderweite die Vermögens-Disposition des Unterhaltspflichtigen beschränkende Rechte nicht über Gebühr geschmälert werden darf. Und der Ausbau dieses Grundsatzes führt denn auch schließlich zur Erweiterung der Unterhaltspflicht desselben minderjährigen Kindes, dessen Unterhaltsrecht an anderer Stelle, wie wir gesehen haben, gewisse Vorzüge genießt. „Soweit nämlich" heißt es in § 1605 B.G.B. „die Unterhaltspflicht eines minderjährigen Kindes seinen Verwandten gegenüber davon abhängt, daß es zur Gewährung des Unterhalts im stande ist, kommt die elterliche Nutznießung an dem Vermögen des Kindes nicht in Betracht."

e. Unterhaltspflicht bei Annahme an Kindesstatt und bei Kindern aus nichtigen Ehen.

Es ist hier vielleicht der Ort, einige Bemerkungen wegen der an Kindesstatt angenommenen Kinder und der Kinder aus nichtigen Ehen hinzuzufügen.

Durch die Annahme an Kindesstatt erlangt das Kind die rechtliche

Stellung eines ehelichen Kindes des Annehmenden und, wenn die Annahme von einem Ehepaare gemeinschaftlich geschieht, die Stellung eines gemeinschaftlichen ehelichen Kindes (§ 1757), damit also die Unterhalts-Rechte und Pflichten wie gegenüber seinen leiblichen Eltern.

Die Wirkungen der Annahme an Kindesstatt erstrecken sich auch auf die — später geborenen — Abkömmlinge des Kindes — § 1762 B.G.B. —, dagegen nicht auf die Verwandten und den Ehegatten des Annehmenden, es sei denn, daß eben der Ehegatte gemeinschaftlich oder später ebenfalls die Annahme vollzieht — § 1763. Ebenso werden die Rechte und Pflichten, die sich aus dem Verwandtschaftsverhältnisse zwischen dem Kinde und seinen Verwandten ergeben, durch die Annahme an Kindesstatt nicht berührt, soweit nicht das Gesetz ein anderes vorschreibt. — § 1764. Das angenommene Kind behält also seine Unterhalts-Rechte und -Pflichten gegenüber seinen Verwandten. Jedoch ist der Annehmende dem Kinde und denjenigen Abkömmlingen des Kindes, auf welche sich die Wirkungen der Annahme erstrecken, vor den leiblichen Verwandten des Kindes zur Gewährung des Unterhalts verpflichtet — § 1766 al. 1. Auf einen zur Zeit des Vertragsabschlusses schon vorhandenen Abkömmling und dessen später geborene Abkömmlinge erstrecken sich die Wirkungen — der Annahme an Kindesstatt — nur, wenn der Vertrag auch mit dem schon vorhandenen Abkömmling geschlossen wird — § 1762. Satz 2. Mit der Annahme an Kindesstatt verlieren endlich die leiblichen Eltern die elterliche Gewalt über das Kind, die uneheliche Mutter das Recht und die Pflicht, für die Person des Kindes zu sorgen. Hat aber der Vater oder die Mutter dem Kinde Unterhalt zu gewähren, so treten das Recht und die Pflicht, für die Person des Kindes zu sorgen, wieder ein, wenn die elterliche Gewalt des Annehmenden endigt oder wenn sie aus gewissen Gründen ruht — § 1765.

Wie steht es nun aber mit der Unterhaltspflicht des Angenommenen und seiner Abkömmlinge gegenüber dem Annehmenden? Auch sie folgt ohne ausdrückliche Vorschrift daraus, daß, wie wir gesehen, das angenommene Kind nach § 1757 B.G.B. die rechtliche Stellung eines ehelichen Kindes der Annehmenden erlangt und auch die Abkömmlinge in der Regel an dieser Wirkung participieren — § 1762, — in Verbindung mit der allgemeinen Alimentationspflicht der Verwandten gegen einander — § 1601. Und diese Folge ist, wie die Motive Bd. 4 S. 992 ergeben, im Gegensatz zum A.L.R. §§ 691 bis 694 II, 2 thatsächlich vom Gesetzgeber beabsichtigt. Er verkennt nicht, daß für den Angenommenen möglicherweise die Unterhaltspflicht sich verdoppeln kann, indem er nicht nur den leiblichen Eltern, sondern auch den Annehmenden Unterhalt zu gewähren verpflichtet ist. Er läßt aber die Gründe der Pietät dahin entscheiden, daß er die Unterhaltspflicht gegen den Annehmenden nicht ausschließen will, und setzt sich damit auch über den sonst erhobenen Einwand hinweg, daß der Annehmende durch die Annahme an Kindesstatt keinen pekuniären Vorteil erlangen soll.

Ein Kind aus einer nichtigen Ehe, das im Falle der Gültigkeit der

Ehe ehelich sein würde, gilt als ehelich, sofern nicht beide Ehegatten die Nichtigkeit der Ehe bei der Eheschließung gekannt haben (§ 1699). Gilt das Kind nicht als ehelich, weil beiden Ehegatten die Nichtigkeit der Ehe bei der Eheschließung bekannt war, so kann es gleichwohl von dem Vater, so lange er lebt, Unterhalt wie ein eheliches Kind verlangen (§ 1703).

f. Unterhaltspflicht bei geschiedener Ehe,

α. der Kinder.

Die nichtige Ehe lenkt über zu der geschiedenen Ehe. Wie stellen sich in diesem Falle die Rechte der Eheleute und der Kinder auf Unterhalt? Daß die Berechtigung der letzteren an sich durch die Scheidung nicht berührt wird, versteht sich eigentlich von selbst, da die Grundlage der Fürsorgepflicht nicht die Ehe, sondern die Zeugung ist. Das Gesetzbuch enthält auch keine Bestimmung, aus welcher eine Änderung der Fürsorgepflicht der Eltern für die Kinder nach der Scheidung gefolgert werden könnte, und die Motive (Bd. IV. S 622) betonen ausdrücklich, daß eine solche Änderung nicht einzutreten habe. Lediglich in der Person des unmittelbar Fürsorgenden ist durch die Natur der Scheidung, welche ein Getrenntleben der Eheleute mit sich bringt, mit dieser eine Änderung notwendig verbunden. Denn ist die Ehe geschieden, so steht, so lange die geschiedenen Ehegatten leben, die Sorge für die Person des Kindes, wenn ein Ehegatte allein für schuldig erklärt ist, dem anderen Ehegatten zu; sind beide Ehegatten für schuldig erklärt, so steht die Sorge für einen Sohn unter sechs Jahren oder für eine Tochter der Mutter, für einen Sohn, der über sechs Jahre alt ist, dem Vater zu (§ 1635). Die Rechtslage ist also derart zu denken, daß wenn z. B. der Ehemann für den allein schuldigen Teil erklärt ist, die Mutter die Fürsorgepflicht übertommt, der Vater aber vor ihr gemäß § 1606 al. 2. die Unterhaltspflicht des Kindes behält. Ist die Mutter für den allein schuldigen Teil erklärt, so trifft in der Person des Vaters Fürsorge- und Unterhaltspflicht zusammen. Sind beide Eheleute für schuldig erklärt, und befinden sich die Kinder teils bei dem Vater, teils bei der Mutter, so ergiebt sich das gleiche Bild des Auseinanderfallens der Fürsorge und der Unterhaltspflicht. Ergänzend bestimmt jedoch hierzu § 1585:

„Hat der Mann einem gemeinschaftlichen Kinde Unterhalt zu gewähren, so ist die Frau verpflichtet, ihm aus den Einkünften ihres Vermögens und dem Ertrag ihrer Arbeit oder eines von ihr selbständig betriebenen Erwerbsgeschäftes einen angemessenen Beitrag zu den Kosten des Unterhaltes zu leisten, soweit nicht diese durch die dem Manne an dem Vermögen des Kindes zustehende Nutznießung gedeckt werden ....

Steht der Frau die Sorge für die Person des Kindes zu und ist eine erhebliche Gefährdung des Unterhaltes des Kindes zu besorgen, so kann die Frau den Beitrag zur eigenen Verwendung für den Unterhalt des Kindes zurückbehalten."

Die Ehefrau wird also, selbst wenn sie die Fürsorge für keines ihrer Kinder mehr hat, von der Unterhaltspflicht nicht frei, muß vielmehr dem Manne die Unterhaltslast durch einen angemessenen Beitrag erleichtern. Hat sie ein Kind in eigener Fürsorge, so ist sie zwar auch zu einem Beitrag verpflichtet, darf ihn aber, statt erst an den Mann abzuführen, unter gewissen Umständen selbst für das Kind verwenden.

β. der Eheleute.

Im Gegensatz zu den Rechten der Kinder, die durch die Scheidung an sich nicht beeinflußt werden, erleiden die Rechte der Eheleute zu einander auf Unterhalt wesentliche Änderungen. Wie oben auseinandergesetzt ist, beruht im allgemeinen der Anspruch der Frau auf Unterhalt nicht auf der Voraussetzung ihrer Bedürftigkeit. Anders wird es nach der Scheidung:

„Der allein für schuldig erklärte Mann hat der geschiedenen Frau den standesmäßigen Unterhalt insoweit zu gewähren, als sie ihn nicht aus den Einkünften ihres Vermögens und, sofern nach den Verhältnissen, in denen die Ehegatten gelebt haben, Erwerb durch Arbeit der Frau üblich ist, aus dem Ertrag ihrer Arbeit bestreiten kann." (§ 1578 Abs. 1.)

Nach der Scheidung ist also die Frau zunächst auf sich selbst angewiesen, die Einkünfte ihres Vermögens und ihren etwaigen Erwerb. Erst, wenn diese Einkünfte nicht ausreichen, darf sie sich an den Mann halten.

Nicht so eingreifend ist die Wirkung der Scheidung hinsichtlich der Unterhaltspflicht der Frau gegenüber dem Mann. Schon bei bestehender Ehe ist sie zur Alimentation nur verpflichtet (§ 1360), wenn der Ehemann außer stande ist, sich selbst zu unterhalten. Nach der Scheidung tritt diese Pflicht ebenso wie die Unterhaltspflicht des Mannes nur ergänzend ein d. h., wie das Gesetzbuch sagt:

„Die allein für schuldig erklärte Frau hat dem geschiedenen Manne den standesmäßigen Unterhalt insoweit zu gewähren, als er außer stande ist, sich selbst zu ernähren." (§ 1578 Abs. 2.) Der Mann muß also erwerben und nötigenfalls über die Einkünfte des Vermögens hinaus dieses selbst angreifen.

Wohl gemerkt tritt diese Verpflichtung nur ein, wenn ein Teil für allein schuldig erklärt worden ist. Diesen trifft die Unterhaltspflicht, während der unschuldige Teil unterhaltsberechtigt ist. Der schuldige Teil hat nach Wortlaut des Gesetzes keinen Anspruch auf Unterhalt weder gegenüber dem unschuldigen noch gegenüber dem gleichfalls für schuldig erklärten.

Bei einer Scheidung wegen Geisteskrankheit eines Ehegatten hat der andere Teil in gleicher Weise Unterhalt zu gewähren, als wenn er allein für schuldig erklärt wäre (§§ 1569, 1583).

Im einzelnen richtet sich die Unterhaltsverpflichtung des geschiedenen Ehegatten nach den Grundsätzen über die Unterhaltspflicht der Verwandten. Einzelne Abweichungen interessieren hier nicht weiter (§§ 1581, 1582 fg., 1608, 1609).

Hervorgehoben sei nur noch, daß die Unterhaltspflicht mit der Wiederverheiratung des Berechtigten erlischt und durch die Wiederverheiratung des Verpflichteten beeinflußt wird (§§ 1581, 1604).

g. Unterhaltspflicht bei thatsächlicher Trennung.

Der Scheidung der Ehe geht oft die thatsächliche Trennung der Ehegatten voraus. In diesem Falle ist die Unterhaltspflicht nicht sofort aufgehoben, sondern, so lange einer der Ehegatten die Herstellung des ehelichen Lebens verweigern darf, ist der Unterhalt durch Entrichtung einer Geldrente zu gewähren. Die Unterhaltspflicht des Mannes fällt nur weg, oder beschränkt sich auf die Zahlung eines Beitrages, wenn der Wegfall oder die Beschränkung mit Rücksicht auf die Verhältnisse der Ehegatten der Billigkeit entspricht (§ 1361). Der Ehemann wird also Leistungen verweigern können, wenn die Frau von den Einkünften ihres Vermögens oder, als dem Arbeiterstande angehörig, von ihrem Verdienst leben kann. Berechtigt zum Getrenntleben ist der Ehegatte immer, der Grund hat auf Ehescheidung zu klagen oder dem gegenüber das Verlangen auf Herstellung der Gemeinschaft als Mißbrauch des anderen Teiles erscheint (§ 1353). Näheres hierüber findet sich im Teil II: Ersatzansprüche, auf Seite 31.

h. Rechte bei unehelicher Geburt.

Gleich den verlassenen Ehefrauen und Kindern machen auch die unehelich geborenen Kinder den Armenverwaltungen häufig zu schaffen, weil die unehelichen Mütter häufig nicht die Mittel zum Unterhalt für ihr Kind besitzen und die Väter ebenso häufig sich weigern, ihre Verpflichtungen zu erfüllen. Sind doch in manchen Armenverwaltungen die sogenannten Pflegekinder zum großen Teil unehelicher Geburt! Es dürfte deshalb nötig sein, die Rechtsverhältnisse der unehelichen Kinder und ihrer Mütter eingehend zu erörtern. Zunächst seien die Berechtigungen beider kurz aufgeführt:

Die Mutter hat Anspruch auf die Kosten der Entbindung und des Unterhaltes für die ersten sechs Wochen nach der Entbindung innerhalb der Grenzen der Notdurft. Den gewöhnlichen Betrag dieser Kosten kann sie ohne weiteres verlangen, den weiteren wirklichen Aufwand muß sie beweisen (§ 1715, Motive Bd. IV S. 910).

Dem Kinde steht bis zur Vollendung des sechzehnten Lebensjahres, unter Umständen auch länger, nicht bloß, wie der Entwurf vorschlug, ein notdürftiger, sondern ein der Lebensstellung der Mutter entsprechender Unterhalt zu und zwar umfaßt dieser Unterhalt den gesamten Lebensbedarf, sowie die Kosten der Erziehung und der Vorbildung zu einem Berufe (1708).

Die Ansprüche sind zu richten gegen den „Vater", d. h. gegen denjenigen, der innerhalb des 181. bis innerhalb des 302. Tages vor dem

Tage der Geburt des Kindes der Mutter beigewohnt hat. Die exceptio plurium ist gestattet. Indessen bleibt eine Beiwohnung — und zwar auch die des als „Vater" Angesprochenen — cf. Prot. 314 der zweiten Lesung S. 676 — außer Betracht, wenn es den Umständen nach offenbar unmöglich ist, daß die Mutter das Kind aus dieser Beiwohnung empfangen hat — § 1717. Durch einstweilige Verfügung kann schon vor der Geburt auf Antrag der Mutter angeordnet werden, daß für die ersten drei Monate der Unterhalt des Kindes sowie die Entbindungs- und Sechswochenkosten zu hinterlegen sind (§ 1716).

Gegen die Ascendenten des Vaters hat das uneheliche Kind keinen Anspruch, wohl aber gegen die Verwandten der Mutter, weil es zu diesen, wie zur Mutter selbst die rechtliche Stellung eines ehelichen Kindes einnimmt (§ 1705).

Diese Bestimmungen nähern sich wohl am meisten den Vorschriften des preußischen Gesetzes vom 24. April 1854. Indessen dürfte es sich wohl verlohnen, die Unterschiede des preußischen Rechtes und des B.G.B. näher zu untersuchen. Es sind hauptsächlich folgende:

1. Die sogenannte Empfängniszeit, welche nach § 15 des Ges. vom 24. April 1854 den Zeitraum vom 285. bis 210. Tage vor der Entbindung umfaßte, ist, wie wir gesehen haben, sowohl bezüglich des Anfangs- als des Endpunktes erheblich erweitert.

2. Während bisher auch eine kürzere Zwischenzeit für die Vermutung der Vaterschaft ausreichte, wenn nämlich die Beschaffenheit der Frucht nach dem Urteil der Sachverständigen mit der Zeit des Beischlafes übereinstimmte, ist jetzt umgekehrt der Gegenbeweis für die Unmöglichkeit, daß die Mutter das Kind aus der Beiwohnung in der Empfängniszeit empfangen habe, unter Umständen, die diese Unmöglichkeit offenbar machen, zugelassen. Eine Beiwohnung außerhalb der Konzeptionszeit kommt dagegen überhaupt nicht mehr in Betracht.

3. Der Einwand der geschlechtlichen Bescholtenheit kommt künftig überhaupt in Fortfall, und damit sind all die Einwendungen, welche der Schwängerer bisher aus den im § 9 Nr. 2 a bis e des preuß. Ges. vom 24. April 1854 aufgeführten Thatsachen — oft, indem er sie aufs Geratewohl behauptete — herleiten konnte, gänzlich beseitigt. Die Armenverwaltung dürfte es besonders interessieren, daß auch ein **zweites uneheliches Kind**, ohne daß es von demselben Schwängerer herrührt, alimentationsberechtigt ist. Ja, sogar ein eheliches, aber in Ehebruch erzeugtes Kind verliert nicht deshalb, weil seine Mutter zur Zeit der Empfängnis verheiratet gewesen, den Alimentationsanspruch gegen seinen Erzeuger. Allerdings muß die Ehelichkeit des Kindes mit Erfolg angefochten oder der Vater, ohne das Recht der Anfechtung verloren zu haben, gestorben sein (Motive Bd. IV S. 878 im Vergleich mit § 9 Abs. 1 preuß. Ges. vom 24. April 1854).

4. Nach § 622 A.L.R. II, 1 hatte der Vater, sobald das uneheliche Kind das vierte Lebensjahr zurückgelegt hatte, das Recht, das Kind der Mutter abzufordern und es in eigene Erziehung zu nehmen, und nach § 623 ibid. verwirkte die Mutter den Unterhaltsanspruch für das Kind,

wenn sie die Herausgabe des Kindes verweigerte, es sei denn, daß das Vormundschaftsgericht gemäß § 624 entschied, daß dem Vater, ohne Besorgnis eines Nachteiles für das Kind, die Erziehung nicht anvertraut werden könne. Diese Bestimmungen hat sich so mancher uneheliche, rechtskräftig zur Alimentation verurteilte Vater zu Nutze gemacht, um die Unterhaltspflicht wieder los zu werden, und der zuständige Armenverband hat häufig darunter leiden müssen. Das kann nach Intrafttreten des B.G.B. nicht mehr vorkommen. Schon weil der Unterhalt grundsätzlich immer in einer Geldrente zu gewähren ist, fehlt es an der Grundlage dafür, dem ehelichen Vater das ihm früher zugestandene Erziehungsrecht zuzuerkennen (Motive Bd. IV S. 363).

5. Ein Erbrecht in den Nachlaß des Vaters, wie es dem unehelichen Kinde beim Fehlen ehelicher Abkömmlinge und in Ermangelung einer letztwilligen Verordnung durch § 652 A.L.R. II, 2 gegeben war, steht nach dem B.G.B. dem unehelichen Kinde nicht zu.

Der Unterhaltsanspruch des unehelichen Kindes hat ferner im großen und ganzen die Natur des Unterhaltsanspruches der Verwandten gegeneinander. Doch sind hier wieder hauptsächlich folgende Unterschiede wohl zu beachten:

1. Die Bedürftigkeit des unehelichen Kindes ist keineswegs Voraussetzung für seinen Unterhaltsanspruch. Die Frage der Erwerbsfähigkeit wird hiebei kaum von Bedeutung sein, weil das Kind der Regel nach vor dem vollendeten sechzehnten Lebensjahr — der Entwurf hatte die Grenze von vierzehn Jahren bestimmt — irgend welche Erwerbsfähigkeit nicht erlangen dürfte. Aber auch der Besitz von ausreichendem Vermögen soll auf die Berechtigung ohne Einfluß sein (Motive Bd. IV. S. 696).

2. Ebenso ist die Unterhaltspflicht des unehelichen Vaters nach dem B.G.B. eine unbedingte und von der Frage der Leistungsfähigkeit unabhängig. Auch die besonderen Vorschriften über die Beitreibung von Alimentationsgeldern gegen Personen des Soldatenstandes, wie sie z. B. § 21 des preuß. Gesetzes vom 24. April 1854 enthielt, fallen künftig fort. Zu erinnern dürfte hier vielleicht daran sein, daß die Zulässigkeit der Pfändung eines Gehaltsanspruches von unter 1500 Mark, welche früher nach § 749 Abs. 4 ff. nur gegenüber der Ehefrau und den ehelichen Kindern bestand, bereits durch Reichsgesetz vom 27. März 1897 auf die Unterhaltsansprüche der unehelichen Kinder zu deren Gunsten ausgedehnt worden war. Weil ferner der uneheliche Vater dem Kinde den schuldigen Unterhalt gewähren muß, auch wenn er für seinen eigenen Unterhalt nichts übrig behält, so kann die Vorschrift des § 1609, welche den Fall des Zusammentreffens mehrerer Unterhaltsberechtigter behandelt, auf seine Unterhaltspflicht gegenüber unehelichen Kindern keine Anwendung finden. Dies kann zur Folge haben, daß die unehelichen Kinder besser gestellt sind als die ehelichen. Ja, der gemeinsame Vater wird dem Unterhaltsanspruch der ehelichen Kinder seine Verpflichtung dem unehelichen Kinde entgegenhalten dürfen, um sein Unvermögen zur Alimentierung der ersteren nachzuweisen. Eine Ausnahme von

dem Grundsatz, daß das Unvermögen des unehelichen Vaters nicht zu berücksichtigen ist, machen nach § 1708 Abs. 2 letzter Satz — die Alimente, welche einem unehelichen Kinde nach dem vollendeten sechzehnten Lebensjahre im Falle eines körperlichen oder geistigen Gebrechens und dadurch herbeigeführter Erwerbsunfähigkeit zu gewähren sind. Umgekehrt ist es eine Folge des gedachten Grundsatzes, daß nicht bloß, wie § 1709 Abs. 1 bestimmt, der Vater vor der Mutter und den mütterlichen Verwandten des unehelichen Kindes unterhaltspflichtig ist, sondern daß, bevor die letzteren in Anspruch genommen werden können, die Beitreibung der Alimente von dem Vater erfolglos versucht sein oder daß die Erfolglosigkeit anderweit feststehen muß. Denn das Unvermögen des § 1603 befreit den Vater nicht schon von dieser Unterhaltspflicht. Eine weitere folgerichtige Konsequenz ist die bei anderen Unterhaltsansprüchen nicht zutreffende Bestimmung des § 1709 Abs. 2, wonach der Unterhaltsanspruch des unehelichen Kindes gegen den Vater auf die Mutter oder den unterhaltspflichtigen mütterlichen Verwandten übergeht, falls diese dem Kinde den Unterhalt gewährt haben.

3. Während, wie wir oben sahen, andere Unterhaltsberechtigte Unterhalt für die Vergangenheit nur vom Zeitpunkt des Verzuges oder der Rechtshängigkeit fordern können, ist die Geltendmachung von Alimentenrückständen für das uneheliche Kind gegen seinen Vater nicht in gleicher Weise beschränkt (§ 1711 B.G.B.). Jedoch unterliegen solche rückständigen Leistungen natürlich der vierjährigen Verjährung des § 197 B.G.B.

4. Der Tod des Verpflichteten setzt sonst anderweiten Unterhaltsverpflichtungen ein Ziel, nicht jedoch der Unterhaltspflicht des unehelichen Vaters. Der Unterhaltsanspruch steht dem unehelichen Kinde gegen die Erben des Vaters selbst dann zu, wenn der Vater vor der Geburt verstorben ist. Doch ist der Erbe berechtigt, das uneheliche Kind des Erblassers mit dem Betrag abzufinden, der dem Kinde als Pflichtteil gebühren würde, wenn es ehelich wäre.

5. Bei den gewöhnlichen Unterhaltsansprüchen ist, wie oben nachgewiesen, ein Verzicht für die Zukunft unzulässig, und die Vorausleistung befreit nur für einen bestimmten Zeitabschnitt. Ganz anders bei dem Unterhaltsanspruch des unehelichen Kindes. Nur ein unentgeltlicher Verzicht für die Zukunft ist nichtig. Dagegen kann zwischen dem Vater und dem Vormund des Kindes, dem übrigens in vermögensrechtlicher Beziehung nach § 1707 B.G.B. allein die Vertretung seines Mündels zusteht, über den Unterhalt für die Zukunft oder über eine an Stelle des Unterhaltes zu gewährende Abfindung mit Genehmigung des Vormundschaftsgerichtes eine — scil. entgeltliche — gültige Vereinbarung getroffen werden. § 1714 B.G.B.

6. Wie steht es mit dem Unterhaltsanspruch des unehelichen Kindes für die Zukunft im Falle des Konkurses des Vaters? Der Entwurf bestimmte in seinem § 1574, daß er ebenso wie andere Unterhaltsansprüche — § 1494 — für die Zukunft gegen die Konkursmasse nicht geltend gemacht werden dürfe, und begründete diese Vorschrift damit, daß hier

wie dort der Anspruch sich fortdauernd erneuere. Die gegenteilige Bestimmung würde auch — so heißt es in den Motiven Bd. 4 S. 900 — unzweckmäßig sein, weil dann der zukünftige Unterhaltsanspruch von einem noch so ungünstigen Zwangsvergleich mitbetroffen werden würde. Eine solche ausdrückliche Bestimmung hat nun zwar der Gesetzgeber weder in Bezug auf den Unterhaltsanspruch des unehelichen Kindes noch in Bezug auf die anderen Unterhaltsansprüche in das B.G.B. aufgenommen. Allein sie scheint mir hier wie dort aus der Natur des Unterhaltsanspruches ganz von selbst zu folgen. Nur dürfte sich für das uneheliche Kind ein Unterschied insofern ergeben, als es, da es nicht zu den Konkursgläubigern in Ansehung seines Unterhaltsanspruches gehört, sich nicht bloß nach Beendigung, sondern auch während des Konkursverfahrens an den Vater halten kann — § 11 Konkurs-Ordnung — während dies für sonstige Unterhaltsberechtigte, wegen des Unvermögens des Gemeinschuldners, regelmäßig ausgeschlossen sein dürfte.

7. Endlich weist das Rechtsverhältnis des unehelichen Kindes zu seinem Vater insofern eine Verschiedenheit auf, als die Unterhaltspflicht nicht wie zwischen ehelichen Kindern und ihren Eltern eine gegenseitige ist. Der uneheliche Vater hat, im Gegensatz zu § 638 A.L.R. II, 2 nach dem B.G.B. keinen Unterhaltsanspruch gegen sein Kind — Motive Bd. 4 S. 879. — Insofern kommt das sonst vom Gesetzgeber festgehaltene Vaterschaftsverhältnis nicht zum Ausdruck.

D. Schluß: Übergangsvorschriften.

Von nicht geringer Wichtigkeit für die Armenverwaltungen werden in der nächsten Zeit nach dem Inkrafttreten des B.G.B. die im 4. Abschnitt des Einführungsgesetzes enthaltenen sogen. Übergangsvorschriften sein, soweit dieselben die Regelung der Unterhaltspflicht betreffen. Denn da, nach allgemeinen Rechtsgrundsätzen, neue Gesetze auf geschehene Dinge und somit auf bereits bestehende Rechtsverhältnisse nicht ohne weiteres Anwendung finden, so würden die Unterhaltsberechtigungen der Ehegatten in einer schon bestehenden Ehe und ebenso die Unterhaltsrechte der am 1. Januar 1900 schon geborenen ehelichen sowohl als unehelichen Kinder ohne ausdrückliche entgegenstehende Vorschrift sämtlich nach den früheren gesetzlichen Bestimmungen zu beurteilen sein. Die bisherigen Gesetze sollen aber nach Art. 208 E.G. nur für die Unterhaltspflicht des Vaters gegenüber seinem unehelichen Kinde Geltung behalten. Dagegen sollen auf die Unterhaltspflicht der Ehegatten — Art. 199 — und auf das gesamte Rechtsverhältnis der ehelichen Kinder zu ihren Eltern — Art. 203 — sogleich die bezüglichen Bestimmungen des B.G.B. angewendet werden.

Wie steht es nun aber mit den Geschwistern? In verschiedenen deutschen Staaten wie z. B. in Preußen sind sie bisher gegeneinander unterhaltsberechtigt und verpflichtet gewesen. Damit räumt das B.G.B. für ganz Deutschland auf. Sollen nun aber Geschwister, welche in diesem Verwandtschaftsverhältnis schon vor dem 1. Januar 1900 gestanden, oder welche gar ihre Unterhaltsrechte bis dahin ausgeübt haben, von diesem Zeitpunkt ab keinen Unterhaltsanspruch mehr erheben dürfen? So hart eine bejahende Antwort klingt, und so sehr auch die Armenverwaltungen in ihren bisherigen Rechten beeinträchtigt werden: die Frage läßt sich nur dahin beantworten, daß mit dem 1. Januar 1900 jede Unterhaltspflicht der Geschwister gegen einander aufhört. Zwar existiert hierüber weder im B.G.B. noch im Einführungsgesetz eine ausdrückliche Vorschrift. Der Gesetzgeber konnte eine solche Vorschrift auch garnicht in sein Gesetzbuch aufnehmen, weil dasselbe Unterhaltsrechte der Geschwister überhaupt nicht kennt. Die gegebene Antwort folgt aber einfach aus der Natur des Unterhaltsanspruches. Der Familienverband ist nach den Motiven Bd. 4 S. 677 nur die Grundlage des Anspruches, auf welcher derselbe beim Eintritt gewisser Voraussetzungen zur Entstehung gelangt. So lange diese Voraussetzungen, nämlich: auf der einen Seite die Bedürftigkeit — § 1481 B.G.B. — auf der anderen Seite die Leistungsfähigkeit — § 1482 B.G.B. — nicht bestehen, besteht nur die Aussicht, eine rechtliche Möglichkeit. Aber auch wenn jene Voraussetzungen eingetreten sind, behandelt der Entwurf den Unterhaltsanspruch nicht als einheitliche Obligation, welche, einmal entstanden, so lange fortdauert, bis die eine oder die andere Voraussetzung weggefallen ist, sondern als einen Anspruch, welcher fort und fort sich erneuert, so lange jene Voraussetzungen begründet sind. Mit dem Inkrafttreten des B.G.B. fällt nun die Grundlage für den Unterhaltsanspruch zwischen Geschwistern fort. Deshalb kann auch eine solche Erneuerung nicht mehr stattfinden.

Der 1. Januar 1900 wird somit die Geschwister im ganzen Deutschen Reich von der Unterhaltspflicht befreien, es sei denn, daß für 3 Monate oder laut Abrede für einen längeren Zeitraum eine in das Jahr 1900 hineinreichende Vorauszahlung der Unterhaltsrente erfolgt ist. Die Zurückzahlung des überschießenden Betrages wird selbstverständlich nicht gefordert werden können.

II. Die Ansprüche auf Ersatz der für den Unterhalt hilfsbedürftiger Personen gemachten Aufwendungen.

A. Einleitung.

Die nachfolgende Auseinandersetzung soll sich hauptsächlich mit der Frage beschäftigen, inwieweit es den Armenverwaltungen nach dem Inkrafttreten des B.G.B. möglich sein wird, sich für ihre im Wege der öffentlichen Armenpflege gemachten Aufwendungen Ersatz zu verschaffen. Indessen soll sie sich darauf beschränken, entweder nachzuweisen, daß und weshalb sich die bisherigen Rechtsnormen nicht geändert haben, oder zu untersuchen, ob und welche durch das neue Reichsrecht geschaffenen Änderungen künftig zu beachten sind. Eine vollständige Darstellung des künftigen Rechtszustandes auf dem in Rede stehenden Gebiet und eine ebensolche Schilderung des Verfahrens, mittelst dessen die Ersatzansprüche geltend zu machen sind, ist nicht beabsichtigt. Daneben soll noch besprochen werden, ob und welche Aufwendungen Dritter für hilfsbedürftige Personen von den Armenverbänden zu erstatten sind.

B. Ersatzansprüche der Armenverbände gegeneinander.

In dem Rechtsverhältnis der Orts- und Landarmenverbände zu einander wird sich auch in Bezug auf die Pflicht zur Erstattung ihrer gegenseitigen Aufwendungen nichts ändern. Vielmehr wird es in dieser Beziehung überall bei den Vorschriften des Reichsgesetzes über den Unterstützungswohnsitz vom 6. Juni 1870 in der Fassung der Novelle vom 12. März 1894 verbleiben. Denn der Art. 32 E.G. bestimmt:

„Die Vorschriften der bestehenden Reichsgesetze bleiben in Kraft. Sie treten nur insoweit außer Kraft, als sich aus dem B.G.B. oder aus diesem Gesetz die Aufhebung ergiebt".

In keinem dieser beiden Gesetze ist aber meines Wissens irgend welche Änderung des genannten Reichsgesetzes enthalten, jedenfalls nicht insoweit, als darin das Erstattungs=Verhältnis der Armenverbände zu einander geregelt ist. Insbesondere bleibt es auch künftig dabei, daß das U.W.G. auf Bayern, Elsaß=Lothringen und Helgoland keine Anwendung findet und daß somit den dortigen Armenverwaltungen ein Anspruch weder für gewährte Armenunterstützungen zusteht, noch ihnen gegenüber geltend gemacht werden kann.

C. Ersatzansprüche der Armenverbände gegen dritte Verpflichtete.

1. Allgemeines.

Für das Verhältnis der Armenverbände zu dritten Ersatzpflichtigen kommt zunächst Art. 103 E.G. in Betracht, wonach die landesgesetzlichen Vorschriften unberührt bleiben, nach welchen Verbände, die auf Grund des öffentlichen Rechts zur Gewährung von Unterhalt verpflichtet sind, Ersatz der für den Unterhalt gemachten Aufwendungen von denjenigen verlangen können, welche nach den Vorschriften des B.G.B. unterhaltspflichtig waren. In dieser Bestimmung tritt sofort die eigentümliche Natur dieser Ersatzansprüche zu Tage, welche darin besteht, daß sie keine eigentlich selbständigen Ansprüche sind, daß sie sich vielmehr auf der Unterhaltspflicht Dritter gegenüber dem unterstützten Hilfsbedürftigen aufbauen. Diese Unterhaltspflicht Dritter wird, wie wir bereits im Teil I dieses Aufsatzes gesehen haben und noch weiter sehen werden, durch das B.G.B. verschiedentlich geändert. Insoweit es sich aber darum handelt, ob und wie die geänderte Unterhaltspflicht zur Grundlage von Ersatzansprüchen seitens der Armenverbände gemacht werden darf, soll alles beim Alten bleiben. So behalten jedenfalls die §§ 65 bis 68 des Preußischen Ausführungsgesetzes zum U.W.G. vom 8. März 1871 ihre volle Geltung. Anders dagegen kommen einige hierher gehörige reichsgesetzliche Vorschriften zu stehen. Zwar soll nach den Motiven — Bd. 4 S. 676 — der § 62 des U.W.G. gleichfalls im Princip unberührt bleiben. Indessen dürfte es doch wohl keinem Zweifel unterliegen, daß die darin angeordnete gesetzliche Übertragung der Unterhaltsansprüche der unterstützten Personen auf die Armenverbände durch die in den §§ 398 bis 412 des B.G.B. enthaltenen Vorschriften, welche die Übertragung von Forderungen im allgemeinen zum Gegenstande haben, in gewisser Beziehung eine Änderung erleidet. Zwar wird auch künftig bei Ersatzklagen aus der cessio legis gemäß § 62 U.W.G. darauf zu achten sein, daß die Unterstützung, für welche Ersatz gefordert wird, für die gleiche Zeit bestimmt gewesen sein muß, für welche der Unterstützte dem Dritten gegenüber Leistungen zu fordern hatte, und ebenso darauf, daß auch diese geschuldeten Leistungen des Dritten dem gleichen Zweck wie die gewährte Unterstützung dienen müssen, nämlich dem: dem

Unterstützten die Lebensführung zu ermöglichen. Folgende neue Momente dürften aber den Armenverbänden bei Geltendmachung ihrer Ersatzansprüche förderlich sein:

1. Der Unterstützte als „der bisherige Gläubiger" hat dem Armenverbande als „dem neuen Gläubiger" auf Verlangen eine öffentlich beglaubigte Urkunde über die Abtretung auszustellen. § 403 B.G.B.

2. Er ist verpflichtet, dem Armenverband die zur Geltendmachung der Forderung nötige Auskunft zu erteilen und ihm die zum Beweise der Forderung dienenden Urkunden, soweit sie sich in seinem Besitze befinden, auszuliefern. § 402.

Diese Vorschrift dürfte den Armenverwaltungen besonders in Fällen, wo es sich um bereits ausgeklagte Unterhaltsansprüche des Unterstützten handelt, zu statten kommen.

3. Zahlungen des Schuldners, Abmachungen zwischen ihm und dem Unterstützten, ein inzwischen ergehendes rechtskräftiges Urteil hinsichtlich des Unterhaltsanspruchs braucht der Armenverband nur so lange gegen sich gelten zu lassen, als er nicht den Schuldner „von der Abtretung", hier also: „von dem Übergang des Anspruchs kraft Gesetzes" in Kenntnis gesetzt hat. § 407.

4. Die cessio legis findet nicht statt, soweit der Anspruch des Unterstützten der Pfändung nicht unterworfen ist. § 400.

5. Sie findet auch dann nicht statt, wenn die Leistung an einen anderen als den ursprünglichen Gläubiger nicht ohne Veränderung ihres Inhalts erfolgen kann. § 399. Wenn z. B. ein Altsitzer nur auf freien Auf- und Unterhalt im Hause des Verpflichteten statt auf Zahlung einer Rente Anspruch hat, so wird dieser Anspruch ungeändert weder freiwillig cediert werden können, noch wird eine Übertragung kraft Gesetzes möglich sein. Dagegen findet der weitere Wortlaut des § 399, wonach die Abtretung einer Forderung durch Vereinbarung mit dem Schuldner ausgeschlossen werden kann, auf Unterhaltsansprüche keine Anwendung. Zwar ist der Absatz 2 des § 295 des Entwurfs, wodurch einer solchen Vereinbarung jede Wirksamkeit gegen Dritte abgesprochen werden sollte, in den Text des Gesetzes nicht aufgenommen. Aber dies ist nur deshalb nicht geschehen, weil eine diesbezügliche Bestimmung — cf. Protokolle der zweiten Lesung Bd. 1 S. 385 — in die Civilprozeßordnung als dahin gehörig verwiesen wurde. Der § 851 Abs. 2 der C.P.O. vom 20. Mai 1898 besagt denn auch: „Eine nach § 399 des B.G.B. nicht übertragbare Forderung kann insoweit gepfändet und zur Einziehung überwiesen werden, als der geschuldete Gegenstand der Pfändung unterworfen ist."

Andere als Unterhaltsansprüche gehen zwar nicht gemäß § 62 U.W.G. auf den unterstützenden Armenverband kraft Gesetzes über. Sie können aber selbstverständlich im Wege der gerichtlichen Pfändung und Überweisung, soweit solche nicht nach Vorstehendem ausgeschlossen ist, nach den Regeln der Civilprozeßordnung den Armenverbänden dienstbar gemacht werden.

Übrigens werden den Armenverbänden außer der mehr formalen

Vorschrift des erwähnten § 62 U.W.G. — und dies dürfte namentlich für diejenigen Gebiete des Deutschen Reiches, in welchen das U.W.G. keine Geltung hat, wichtig sein —, künftig auch die materiellen Vorschriften des B.G.B. über die Geschäftsführung ohne Auftrag zu statten kommen. Nach der Definition des § 677 gilt die Unterstützung hilfsbedürftiger Personen durch die Armenverbände anstatt des gesetzlich Verpflichteten als Geschäftsführung ohne Auftrag. Der unterstützende Armenverband besorgt die Geschäfte des Unterhaltspflichtigen, der die Alimentation eigentlich zu übernehmen hätte, ohne dazu beauftragt zu sein. Als Geschäftsführer ohne Auftrag hat er die Interessen des Geschäftsherrn wahrzunehmen. Dabei steht seine Geschäftsführung unter der Bestimmung des § 679: „Ein der Geschäftsführung entgegenstehender Wille des Geschäftsherrn kommt nicht in Betracht, wenn ohne die Geschäftsführung eine Pflicht des Geschäftsherrn, deren Erfüllung im öffentlichen Interesse liegt, oder eine gesetzliche Unterhaltspflicht des Geschäftsherrn nicht rechtzeitig erfüllt werden würde." Daraus folgt, daß selbst ein Verbot der Unterstützung seitens des Unterhaltspflichtigen an den Armenverband wirkungslos sein und den Erstattungsanspruch nicht beseitigen würde.

Sowohl der § 62 U.W.G. als auch die Grundsätze des B.G.B. über die nützliche Verwendung geben immer nur die Möglichkeit, bereits gewährte Unterstützungen vom Verpflichteten wieder einzuziehen. Gedient wäre den Armenverwaltungen jedenfalls mehr, wenn es auch für sie zulässig wäre, die Erstattungspflicht auch für die Zukunft durch richterliches Urteil im ordentlichen Rechtswege festsetzen zu lassen, so daß sie es nicht nötig hätten, die verauslagten Unterstützungsbeiträge in gewissen Zwischenräumen immer wieder von neuem auszuklagen, sondern die Verurteilung des Alimentationsverpflichteten gleichzeitig zur Erstattung der erst künftig zu verauslagenden Beträge erwirken könnten. Das ist auch künftig nicht der Fall. Den Hilfsbedürftigen selbst ist, zwar nicht durch das B.G.B. — der § 190 des Entwurfs ist später beseitigt — wohl aber durch § 258 der C.P.O. vom 17./5. 1898 eine Art Feststellungs- und Leistungsklage zugleich „auch wegen der erst nach Erlassung des Urteils fällig werdenden Leistungen auf deren künftige Entrichtung" ausdrücklich gegeben. Der Armenverband wird sich aber auf andere Weise helfen müssen, und zwar entweder so, daß er sich diesen Klageanspruch des von ihm unterstützten Hilfsbedürftigen von ihm behufs Einklagung im ordentlichen Rechtswege cedieren läßt oder daß er das Verwaltungsstreitverfahren, wie ein solches von der Landesgesetzgebung gegeben ist, handhabt. Dieser letztere Ausweg ist denn auch den Armenverwaltungen da, wo es sich um die Fürsorgepflicht in der Gegenwart und für die Zukunft handelt, entschieden anzuraten. Und hier ergiebt sich nun etwas ganz Merkwürdiges. Bekanntlich steht nach § 65 des Preußischen Ausführungsgesetzes zum U.W.G. vom 8. März 1871 gegen die Entscheidung der Verwaltungsbehörde jedem der beiden streitenden Teile, sowohl dem klagenden Armenverband als dem in Anspruch ge-

nommenen Alimentationsverpflichteten, die Klage im ordentlichen Rechts=
wege offen. Der Armenverband hat es somit in der Hand, wenn er mit
der im Verwaltungsstreitverfahren vergangenen Entscheidung nicht zufrieden
ist, das ordentliche Gericht um Abhilfe anzugehen, und so ist den Armen=
verbänden der gleiche Rechtsbehelf, wie dem Alimentstationsberechtigten
durch die direkte Vorschrift des citierten § 250 U.W.G., wenigstens indirekt
ebenfalls eingeräumt. Auch sie können auf dem angegebenen Wege sowohl
verwaltungsgerichtliche, als auch gerichtliche Urteile erzielen, welche nicht
bloß theoretisch die Fürsorgepflicht des Beklagten feststellen, sondern zu
jeder Zeit in alle Zukunft die Zwangsvollstreckung behufs Einbringung
der künftigen Aufwendungen ermöglichen.

Dies vorausgeschickt, wenden wir uns zu den verschiedenen Arten der
Ersatzansprüche der Armenverbände gegen dritte Verpflichtete:

2. Ersatzansprüche aus gesetzlicher Unterhaltspflicht.

Soweit die gesetzliche Unterhaltspflicht die Grundlage für Ersatz=
ansprüche der Armenverbände bildet, ist im wesentlichen auf das im
I. Teil: „Unterhaltspflicht" Gesagte zu verweisen. Alles, was dort über
die Unterhaltsrechte des Ehegatten, der Verwandten, und des unehelichen
Kindes auseinandergesetzt ist, haben auch die Armenverbände zu beachten.
Denn da sie keine eigenen, sondern immer nur fremde Rechte geltend
machen, so müssen sie den jedesmaligen Anspruch so übernehmen, wie
derselbe durch das Verhältnis der Berechtigten und Verpflichteten zu
einander sich gestaltet hat. Einige Einzelheiten müssen jedoch noch
ganz besonders hervorgehoben werden:

a. Einwand der angebotenen Naturalverpflegung.

Der Einwand, daß dem Unterstützten vom Unterhaltspflichtigen
Unterhalt in natura angeboten und von ersterem abgelehnt worden, wird
künftig von dem Ehegatten regelmäßig, von den Verwandten, abge=
sehen von den Eltern eines unverheirateten Kindes, über dessen Unterhalt
die Eltern nach freiem Ermessen zu bestimmen haben — § 1612 al. 2 —,
nur unter gewissen Voraussetzungen — § 1612 al. 1, Satz 2 —,
von dem Vater des unehelichen Kindes dagegen niemals geltend ge=
macht werden können. Jeder Ehegatte hat zunächst — das erfordert das
Princip der möglichsten Erhaltung der Ehegemeinschaft — lediglich Anspruch
auf Unterhalt im Hause des anderen Ehegatten. Nur wenn die thatsächlich
eingetretene Trennung berechtigt ist, verwandelt sich dieser Anspruch in
das Recht auf Zahlung einer Geldrente — § 1361 B.G.B. — Es fragt
sich deshalb: wann ist die Trennung berechtigt? Darüber giebt § 1353
al. 2 Auskunft: „Stellt sich das Verlangen eines Ehegatten nach Her=
stellung der Gemeinschaft als Mißbrauch seines Rechts dar, so ist der
andere Ehegatte nicht verpflichtet, dem Verlangen Folge zu leisten. Das

Gleiche gilt, wenn der andere Ehegatte berechtigt ist, auf Scheidung zu klagen." Die Ehescheidungsgründe sind in den §§ 1565 bis 1569 aufgezählt. Es sind die folgenden: Ehebruch, Nachstellung nach dem Leben, bösliche Verlassung, schwere Verletzung der durch die Ehe begründeten Pflichten, als welche auch grobe Mißhandlung gilt, und ehrloses oder unsittliches Verhalten, wenn dadurch eine so tiefe Zerrüttung des ehelichen Verhältnisses eingetreten ist, daß dem Ehegatten die Fortsetzung der Ehe nicht zugemutet werden kann, endlich Geisteskrankheit, welche während der Ehe drei Jahre angedauert und die geistige Gemeinschaft der Eheleute derart aufgehoben hat, daß jede Aussicht auf Wiederherstellung dieser Gemeinschaft ausgeschlossen ist. Schwieriger dagegen wird im Einzelfall zu entscheiden sein, ob und wann Verhältnisse vorliegen, von denen man sagen kann, daß sie das Verlangen nach Herstellung der ehelichen Gemeinschaft als Mißbrauch des Rechtes, auf welches sich dies Verlangen gründet, erscheinen lassen. Die Frage wird stets zu bejahen sein, wenn der andere Ehegatte seinen Wohnsitz in das Ausland verlegt oder sich wegen begangener Verbrechen aus dem Lande entfernt hat. Nur weil diese Fälle selbstverständlich ein Getrenntleben auch ohne ausdrückliche Einwilligung rechtfertigen, sind sie vom Gesetzgeber nicht besonders genannt — Motive Bd. 4 S. 106. — Welche Verhältnisse aber außerdem dem Ehegatten ein Recht geben, dem Folgegebot nicht zu folgen, darüber ist Näheres weder im Gesetz noch in den Motiven gesagt. Die Armenverbände werden deshalb die Behauptung eines hilfsbedürftigen Ehegatten, daß der andere Ehegatte das Recht auf die Folgepflicht mißbrauche, und das Getrenntleben deshalb gerechtfertigt sei, mit aller Vorsicht aufnehmen und prüfen müssen, wenn sie ihren Ersatzanspruch nicht gefährden wollen.

b. Einwand des Verzichts oder der Vorausleistung.

Wie wir im Teil I gesehen, ist der Verzicht auf Unterhalt für die Zukunft seitens des Ehegatten und seitens der Verwandten überhaupt — § 1614 und 1360 al. 3 —, seitens des unehelichen Kindes resp. seines Vertreters ohne Entgelt — § 1714 al. 2 — unzulässig. resp. nichtig. Ein Einwand aus einem solchen unzulässigen resp. nichtigen Verzicht ist deshalb für die Ersatzansprüche der Armenverwaltungen nicht zu befürchten. Wohl aber können über die Unterhaltsrechte des unehelichen Kindes für die Zukunft entgeltliche Vereinbarungen gültig getroffen werden — § 1714 al. 1 —, welche dann auch den Armenverbänden entgegenstehen. Denn sie können nicht mehr und nicht größere Rechte erwerben, als sie den Unterstützten selbst zustehen. Für die Armenverbände hat somit der Vormundschaftsrichter, dessen Genehmigung die Vereinbarung unterliegt, gewissermaßen mit zu sorgen, wie er auch durch Kontrolle der Vermögensverwaltung des Vormundes eine unzweckmäßige Verwendung der Abfindung zu verhüten und damit gleichfalls das Interesse des beteiligten Armenverbandes wahrzunehmen hat. Wie aber, wenn die Vereinbarung zwar getroffen und genehmigt ist, die Abfindung aber noch

Unterhalts-Ersatzansprüche.

von dem unehelichen Vater geschuldet wird? Ich meine, daß dann nicht mehr gleiche Unterhaltsrechte wie vorher in Rede stehen, daß deshalb der Abfindungsanspruch nicht ohne weiteres gemäß § 62 U.W.G. auf den unterstützenden Armenverband übergeht, sondern daß gerichtliche Pfändung und Überweisung diesen Übergang erst wird herstellen müssen, daß aber andrerseits die Rechte des pfändenden Armenverbandes bezüglich Zeit und Maß der verauslagten Unterstützung nicht in gleicher Weise wie im Falle des § 62 U.W.G. beschränkt sind.

Die Vorausleistung befreit ferner gegenüber allen Unterhaltsersatzansprüchen der Regel nach nur für drei Monate, und dies auch nur so, daß nicht etwa jedesmal volle drei Monate seit der Inanspruchnahme ausscheiden, sondern so, daß die Befreiung bis zum Ablauf der jedesmaligen Dreimonatsfrist wirkt. Weitere Vorausleistungen werden den Armenverbänden gegenüber nicht eingewendet werden können. Aber auch diese Frist verkürzt sich unter Umständen noch für die Eltern, welche einem unverheirateten Kinde Unterhalt zu gewähren haben. Denn sie können nach § 1612 al. 2 nicht bloß bestimmen, in welcher Art und für welche Zeit im voraus der Unterhalt gewährt werden soll, sondern sie werden auch einem Kinde gegenüber, von dem sie voraussehen konnten, daß es die ihm zum Zweck des Unterhalts gegebenen Mittel verschleudern oder gegen die Bestimmung verwenden würde, verpflichtet sein, von dieser Befugnis durch Verabfolgung der Unterhaltsrente für kürzere Zwischenräume im voraus Gebrauch zu machen, wenn anders sie doppelte Aufwendungen vermeiden wollen. Denn sollte ein solches Kind, welches das für einen größeren Zeitraum Voraus-Empfangene verschleudert hat, demnächst vom Armenverbande unterstützt werden müssen, so würde die unbedacht geschehene Vorausleistung den Ersatzanspruch nicht beseitigen — Motive Bd. 4 S. 731. — Diese allgemeinen in den §§ 1612 und 1614 B.G.B. enthaltenen Grundsätze erledigen nicht bloß die in den Gebieten des Gemeinen Rechts und des Preußischen A.L.R. streitig gewordene Frage, ob der Vater gegen den Dritten, welcher dem Kinde den nötigen Unterhalt verschafft hat, eine wirksame Einrede daraus entnehmen kann, daß er das Kind mit dem erforderlichen Gelde u. s. w. versehen, das Kind aber die ihm gewährten Mittel anderweit verwendet habe. Sie machen auch die kasuistischen Vorschriften der §§ 126 ff. A.L.R. II, 2, künftig entbehrlich. Denn soweit nach § 1614 al. 2 B.G.B. eine Vorausleistung zum Zweck des Unterhalts für die Zukunft den Verpflichteten befreit, ist die Einrede begründet, da insoweit der Dritte dem Verpflichteten eine Ausgabe nicht erspart, mithin ein Geschäft des Verpflichteten überhaupt nicht geführt hat. Soweit die Vorausleistung dagegen über die durch das Gesetz gebotenen Grenzen hinausgeht, befreit sie den Unterhaltspflichtigen nicht von etwaigen Ersatzansprüchen. Jedenfalls ist durch die Bestimmungen des B.G.B. der frühere direkte Anspruch gegen den Vater aus §§ 126 ff. A.L.R. II, 2 — bekanntlich wurde der Vater selbst oder niemand durch die Aufwendungen für sein Kind verpflichtet — als beseitigt anzusehen. Entweder besteht die Unterhaltspflicht trotz der Vorausleistung, und dann geht sie auf den Unterstützenden über. Oder sie ist getilgt: dann kann auch ein Übergang nicht mehr stattfinden.

c. Ansprüche für die Vergangenheit.

Wie im Teil I gezeigt, ist der Unterhaltsanspruch des unehelichen Kindes gegen seinen Vater für die Vergangenheit unbeschränkt — § 1711 B.G.B. —, der Ehegatte und der Verwandte dagegen können Erfüllung oder Schadensersatz wegen Nichterfüllung nur von der Zeit an fordern, zu welcher der Verpflichtete in Verzug gekommen oder der Unterhaltsanspruch rechtshängig geworden ist (§§ 1613 und 1360 al. 3). Damit ist jedoch nicht gesagt, daß auch Ersatzansprüche gegen den Verpflichteten seitens Dritter, insbesondere seitens der Armenverbände der gleichen Beschränkung in Bezug auf die Vergangenheit unterliegen. So sehr diese Beschränkung gegenüber dem Unterhaltsberechtigten selbst durch die Auffassung des Gesetzgebers gerechtfertigt ist, wonach die Entstehung des Unterhaltsanspruches gegen Verwandte die Unfähigkeit des Berechtigten zur Beschaffung des Unterhaltes aus eignen Kräften oder eignen Mitteln zur Voraussetzung hat, und so sehr diese Voraussetzung bei Ansprüchen für die Vergangenheit fehlt, weil ja für diese der Unterhalt bereits beschafft ist, so wenig trifft diese Auffassung zu, wenn es sich darum handelt, einem Dritten Ersatz für gewährten Unterhalt zu leisten. Denn dieser Dritte hat ja gerade deshalb ausgeholfen, weil Bedürftigkeit des Unterhaltsberechtigten ihn dazu nötigte. Die Ausnahme, welche hierdurch von dem Princip geschaffen wird, daß der Cessionar nicht mehr Rechte als der Cedent ausüben könne, ist nur eine scheinbare. Denn der Ersatzanspruch ist ja bereits damals entstanden, als dem Bedürftigen die notwendige Hilfe geleistet wurde, und damals waren in der Person des Unterhaltsberechtigten alle Voraussetzungen zur Geltendmachung des Unterhaltsanspruches gegeben.

d. Die prozessualische Verfolgung.

Die prozessualische Durchführung der Ersatzansprüche gegen Ehegatten und Verwandte wird künftig in gewisser Beziehung schwieriger sein als bisher, wenigstens im Gebiet des preußischen Rechtes. Denn da die bezüglichen Unterhaltsansprüche nach § 1360 al. 1 und 1603 al. 1 B.G.B. nur dann zur Entstehung gelangen, wenn der Verpflichtete ausreichendes Vermögen oder doch ausreichenden Erwerb besitzt, so wird der Nachweis hierfür dem Ersatz verlangenden Kläger obliegen, und die preußische Deklaration vom 21. Juli 1841, welche vom Beklagten den Gegenbeweis des Unvermögens verlangte, verliert, wie wir dies auch schon im Teil I auseinandergesetzt haben, ihre Geltung. Der vom Kläger zu erbringende Beweis wird außerdem recht schwierig sein, weil es nicht genügt, wenn der Verpflichtete zur Zeit der Klageerhebung leistungsfähig ist, vielmehr die weiter zurückliegende Zeit der Unter=

stützung maßgebend ist. Dagegen begünstigen in anderer Hinsicht verschiedene Vorschriften des B.G.B. die Geltendmachung von Unterhaltsersatzansprüchen.

Es sei zunächst an die schon im Teil 1 erörterten §§ 1604 und 1665 B.G.B. erinnert, wonach bei Beurteilung der Leistungsfähigkeit einer Frau die Verwaltung und Nutznießung des Mannes an dem eingebrachten Gut, bei der Beurteilung der Leistungsfähigkeit eines minderjährigen Kindes die elterliche Nutznießung an seinem Vermögen außer Betracht bleibt und bei irgend welcher Vermögensgemeinschaft zwischen Eheleuten das sogenannte Gesamtgut den Unterhaltsansprüchen der beiderseitigen Verwandten als Angriffsobjekt dient. Aber auch noch andere Vorschriften sind bestrebt zu verhüten, daß die Verwaltung und der Nießbrauch des Ehemannes am eingebrachten Gut der Ehefrau die Unterhaltsansprüche der Verwandten der letzteren unnötig schmälern. Nach § 1386 B.G.B. ist der Mann verpflichtet, für die Dauer der Verwaltung und Nutznießung alle diejenigen Verbindlichkeiten der Frau zu tragen, welche bei ordnungsmäßiger Verwaltung aus den Einkünften ihres Vermögens bestritten werden, einschließlich der von der Frau auf Grund ihrer gesetzlichen Unterhaltspflicht geschuldeten Leistungen. Dafür, daß er diese Verbindlichkeiten der Frau auch wirklich erfüllt, haftet er selbst den Gläubigern der Frau als Gesamtschuldner (§ 1388). Die Frau kann ferner verlangen, daß der Mann den Reinertrag des eingebrachten Gutes, soweit dieser zur Bestreitung des eigenen und des der Frau und den gemeinschaftlichen Abkömmlingen zu gewährenden Unterhalts erforderlich ist, ohne Rücksicht auf seine sonstigen Verpflichtungen zu diesem Zwecke verwendet (§ 1389 al. 2), und sie kann auf Aufhebung der Verwaltung und Nutznießung klagen, wenn der Mann diese Verpflichtung verletzt hat und für die Zukunft eine erhebliche Gefährdung des Unterhalts zu besorgen ist (§ 1418 Ziffer 2). Freilich ist es fraglich, ob dies letzterwähnte Recht der Frau auch übertragbar ist. Indessen kann dies dahingestellt bleiben, weil die Gläubiger der Frau ohne Rücksicht auf die Verwaltung und Nutznießung des Mannes, abgesehen von gewissen Ausnahmen, zu denen Unterhaltsansprüche nicht gehören, sogar Befriedigung aus dem eingebrachten Gute selbst verlangen können (§ 1411 al. 1). Für die Errungenschaftsgemeinschaft in der Ehe kommt die besondere Bestimmung in § 1534 in Betracht, wonach das Gesamtgut für alle Verbindlichkeiten der Frau haftet, welche ihr auf Grund der gesetzlichen Unterhaltspflicht obliegen.

e. Die Beitreibung.

In ähnlicher Weise ist künftig die Beitreibung ausgeklagter Unterhaltsersatzansprüche mannigfach begünstigt. Nach § 1362 B.G.B. wird zu Gunsten der Gläubiger des Mannes vermutet, daß die im Besitz eines der Ehegatten oder beider Ehegatten befindlichen beweglichen Sachen, insbesondere auch Inhaberpapiere und Ordrepapiere, die mit

Blankoindoffament versehen sind, dem Manne gehören. Ausgenommen sind von dieser Vermutung die zum persönlichen Gebrauche der Frau bestimmten Sachen. Ähnlich gilt nach § 1527 im Falle der Errungenschaftsgemeinschaft die Vermutung, daß das vorhandene Vermögen Gesamtgut sei, und jeder Erwerb aus dem Betriebe eines Erwerbsgeschäfts fließt unter allen Umständen, auch wenn er aus Mitteln des eingebrachten Gutes geschehen ist, nach § 1524 al. 1 letzter Satz in die Errungenschaftsgemeinschaft. Dieser fallen überhaupt, wie § 1525 ausdrücklich bestimmt, die Nutzungen des eingebrachten Gutes zu.

Umgekehrt sind nach § 860 der C.P.O. vom 20. Mai 1898 die von dem Ehemanne erworbenen Früchte des eingebrachten Gutes dem Zugriff anderer Gläubiger entzogen, soweit sie zur Erfüllung der in den §§ 1384 bis 1387 des B.G.B. bestimmten Verpflichtungen des Ehemannes — § 1386 handelte, wie wir oben gesehen, von der Verpflichtung des Mannes, aus den Einkünften des eingebrachten Gutes die Unterhaltspflicht der Frau zu erfüllen — zur Erfüllung der ihm, seiner Ehefrau oder seinen Verwandten gegenüber gesetzlich obliegenden Unterhaltspflicht und zur Bestreitung seines — eigenen — standesgemäßen Unterhaltes erforderlich sind. Die Früchte des eingebrachten Gutes bleiben also für diese Zwecke reserviert.

Das Diensteinkommen und ähnliche Bezüge gewisser Personen waren ferner schon bisher zu 1500 Mark jährlich überhaupt nicht und im Mehrbetrage nur zum dritten Teil der Pfändung unterworfen. Diese Beschränkung galt nicht, soweit es sich um die Befriedigung der Ehefrau und der ehelichen Kinder des Schuldners wegen solcher Alimente handelte, welche für die Zeit nach Erhebung der Klage und für das diesem Zeitpunkte vorausgehende letzte Vierteljahr zu entrichten sind, und durch Reichsgesetz vom 29. März 1897 war diese Beschränkung ausgedehnt zu Gunsten der früheren Ehefrau und der unehelichen Kinder des Schuldners. Dabei soll es nun zwar nach § 850 al. 4 C.P.O. vom 20. Mai 1898 auch künftig bleiben. Indessen findet die Begünstigung der Kinder insofern eine Grenze, als der Schuldner der gedachten Bezüge zur Bestreitung seines notdürftigen Unterhaltes und zur Erfüllung der ihm, gegenüber seinen Verwandten, seiner Ehefrau oder seiner früheren Ehefrau gesetzlich obliegenden Unterhaltspflicht bedarf. Mit diesen Beschränkungen findet jedenfalls auch künftig die Pfändung des gewöhnlichen Arbeitslohnes auf Grund des geänderten Reichsgesetzes vom 21. Juni 1869 statt, und zwar sowohl der bereits fälligen als der künftig fällig werdenden Lohnraten. Dagegen dürfte es ebensowenig, wie für länger als drei Monate zurück, zulässig sein, wegen zukünftiger Unterhaltsansprüche zu pfänden. Die Pfändung wird vielmehr regelmäßig wiederholt werden müssen. Ja, es dürfte sogar ratsam sein, bei der Pfändung für die Vergangenheit einen angemessenen Teilbetrag der Lohnraten für den eigenen Unterhalt des Verpflichteten selbst frei zu lassen, um ihn nicht wider Willen aus der Arbeitsstelle zu vertreiben.

Hier mag endlich daran erinnert werden, daß durch die §§ 811, 812 der C.P.O. vom 20. Mai 1898 die Reihe der nach § 715 der

C.P.O. vom 30. Januar 1877 von der Pfändung ausgenommenen körperlichen Sachen nicht unwesentlich vermehrt ist. Insbesondere wird künftig ins Gewicht fallen der Ausschluß derjenigen Gegenstände von der Pfändung, welche zum gewöhnlichen Hausrat gehören und im Haushalt des Schuldners gebraucht werden, wenn ohne weiteres ersichtlich ist, daß durch deren Verwertung nur ein Erlös erzielt werden würde, welcher zu dem Wert außer allem Verhältnis steht. Allerdings werden die Armenverwaltungen schon bisher kaum jemals solche Habe zum Gegenstande der Befriedigung wegen ihrer Unterhaltsersatzansprüche gemacht haben. Aber in entgegengesetzter Richtung, indem sie den völligen Ruin der weniger Bemittelten verhüten und dieselben so der Armenpflege fern halten, werden die erwähnten neuen Vorschriften gewiß segensreich wirken, wie denn auch die durch § 559 letzter Satz B.G.B. für ganz Deutschland angeordnete Abschaffung des Kahlpfändungsrechtes die gleiche Wirkung da gehabt hat, wo es bereits, wie in Preußen, früher abgeschafft ist.

3. Ersatzansprüche der Armenverbände aus der sogenannten Arbeiterversicherung.

An den Ansprüchen der Versicherten selbst aus Kranken-, Unfall-, Invaliditäts- und Altersversicherung und darum auch an den gleichartigen Ersatzansprüchen der Armenverbände wird weder durch das B.G.B. noch durch die gleichzeitig in Kraft tretenden sonstigen Reichsgesetze, soweit sich bis jetzt übersehen läßt, etwas geändert. Der Übergang der Ansprüche der unterstützten Versicherten auf die Armenverbände wird durch die oben S. 29 schon erörterten §§ 398 bis 413 B.G.B. eher noch begünstigt. Umsomehr dürfte es angezeigt sein, an diesem schon ex lege eintretenden Übergange der Rentenansprüche für die Armenverwaltungen festzuhalten und ihre Rechte gegenüber abweichenden Meinungen zu verteidigen. Dies erscheint insbesondere notwendig in Bezug auf die aus der Unfall-, Invaliditäts- und Altersversicherung herzuleitenden Ersatzansprüche. Nach wiederholten Entscheidungen des Reichsversicherungsamtes — cf. z. B. Amtl. Nachrichten des R.V.A. 1890 S. 505, 1895 S. 228 und 229, auch Entsch. vom 4. Juni 1898 — soll es nämlich zwar zulässig sein, die Ersatzansprüche der Armenverbände im Rentenfeststellungsverfahren zu berücksichtigen und die den Armenverbänden gebührenden Rentenbeträge in den Rentenbescheid mit aufzunehmen, wenn die Berechtigung und der Umfang der geltend gemachten Ersatzforderung zwischen dem Armenverband und dem Unterstützten unstreitig sind. Wenn dagegen über die Frage der Berechtigung oder über die Höhe der Ersatzforderung kein Einverständnis zwischen den beiden Beteiligten erzielt ist, so soll die Entscheidung den ordentlichen Gerichten gebühren und der Rentenübergang in dem Rentenbescheide ganz unerwähnt bleiben. Infolgedessen müssen die Armenverwaltungen, wenn sie ohne besonderen Prozeß ihre Auslagen aus der Rente erstattet haben wollen, von dem Unterstützten eine protokollarische Erklärung beibringen, durch welche er in den Abzug von der für ihn festzusetzenden Rente ausdrücklich einwilligt.

Demgegenüber wage ich zu behaupten, daß die Entscheidungen des Reichsversicherungsamtes weder was die Unfall-, noch was die Invaliditäts- und Altersrente anbetrifft, rechtlich begründet sind. Zu der schon durch § 62 U.W.G. geschaffenen Legitimation der Armenverbände als Rechtsnachfolger der Unterstützten sind noch die besonderen Bestimmungen in § 8 des Unfall-, und in § 35 des Invaliditäts- und Altersversicherungsgesetzes ergänzend hinzugetreten. Danach dürfte es keinem Zweifel unterliegen, daß, insofern der Rentenanspruch des Unterstützten auf den Armenverband übergegangen ist, dem Armenverband ein selbständiges Recht auf den entsprechenden Teil der festzustellenden Rente zusteht, und thatsächlich wird von dem Reichsversicherungsamt der dem Verfahren beitretende Armenverband als Streitgenosse des Versicherten angesehen, ja es wird ihm sogar das Recht zugestanden, im Falle des inzwischen erfolgten Todes des Versicherten das Rentenfeststellungsverfahren selbständig zu betreiben. Der Armenverband gilt sonach als Teilcessionar mit allen dessen Rechten und Pflichten, und ebenso wie der berufene Richter auf Klage des Cessionars in gleicher Weise Recht zu sprechen hat, als wenn der Cedent selbst geklagt hätte, so sind auch hier die zur Festsetzung der Rente an sich berufenen Organe: Vorstand der Berufsgenossenschaft resp. der Versicherungsanstalt, Schiedsgerichte, Reichsversicherungsamt — über den auf den Armenverband übergegangenen Teil des Rentenanspruches gleichfalls zu entscheiden berufen. Wie allerdings der ordentliche Richter eine vom Kläger behauptete Cession des Klageanspruches auf ihn — den Kläger — auf ihre Gültigkeit zu prüfen hat, so wird auch die Rentenfeststellung die Prüfung der cessio legis in gleicher Weise vorzunehmen haben, und deshalb wird vom Armenverbande allerdings in jedem Falle ein ausreichender Nachweis für die Unterstützung selbst, für die Höhe der gewährten Unterstützung und hinsichtlich des Zeitraumes, für welchen die Unterstützung geleistet ist, verlangt werden können. Das Einverständnis des Unterstützten aber **außerdem** fordern, das geht zu weit. Das hieße ja, neben dem vom Gesetz bereits angeordneten Übergang des Rentenanspruches, noch eine weitere Übertragung desselben Anspruches im Wege der freiwilligen Cession fordern, was doch unmöglich richtig sein kann.

Ganz verfehlt aber scheint es mir, den etwaigen Streit darüber, ob und in welchem Umfange der Rentenanspruch dem unterstützenden Armenverband gebührt, den ordentlichen Gerichten zuzuweisen. Die Bezugnahme auf § 76 al. 3 des J. und A.V.Gef. vom 22. Juni 1889 ist unzutreffend. Denn diese specielle Vorschrift betrifft Ersatzstreitigkeiten zwischen Versicherungsanstalten und Unfall-Berufsgenossenschaften. Im Krankenkassengesetz sind zur Entscheidung gleicher Streitigkeiten teils die ordentlichen Gerichte berufen, teils das Verwaltungsstreitverfahren ausdrücklich angeordnet. An dergleichen Vorschriften fehlt es in den beiden anderen Versicherungsgesetzen, wenn man von der oben citierten Specialvorschrift absieht. Ein Beweis, daß man die Einmischung anderer, als der mit dem Feststellungsverfahren betrauten Behörden überhaupt nicht vorgesehen hat!

Wie aber, wenn die ordentlichen Gerichte sich für unzuständig erklären? Wo bleibt die Streitsumme? Muß die Versicherungsanstalt sie bis zur Entscheidung hinterlegen? Oder wenn, in dem schon erwähnten Falle des inzwischen erfolgten Todes des Versicherten der Armenverband selbständig die Festsetzung der Rente für sich beantragt: muß er dann auch — und von wem? — die Zustimmung beibringen? Soll er etwa gegen die Erben des Versicherten Klage erheben? Ihre Passivlegitimation dürfte zweifelhaft sein. Eine erneute Prüfung der angeregten Frage wird hoffentlich dahin führen, daß die aus der jetzigen Auffassung den Armenverwaltungen entstehenden ganz unnötigen Schwierigkeiten doch noch aus dem Wege geräumt werden.

4. Ersatzansprüche der Armenverbände gegen dritte Verpflichtete aus anderweiten Verpflichtungsgründen.

Wie wir oben bei der allgemeinen Auseinandersetzung über die Ersatzansprüche der Armenverbände gegen dritte Verpflichtete gesehen haben, ist es den Armenverbänden nicht verwehrt, auch solche Vermögensansprüche ihrer Armen, welche nicht direkt zu deren Unterhalt zu dienen bestimmt sind, und zwar im Wege der gerichtlichen Pfändung und Überweisung, für ihre Auslagen in Anspruch zu nehmen. Es wäre unmöglich, alle diese verschiedenen Arten von Vermögensansprüchen, zumal die Zahl der Rechtsgründe Legion ist, daraufhin zu untersuchen, welchen Änderungen sie zum 1. Januar 1900 entgegen gehen. Wohl aber sollen nachstehend wenigstens die hauptsächlichsten Arten derjenigen civilrechtlichen Ansprüche nach der angedeuteten Richtung hin geprüft werden, welche häufig die Gewährung von Unterhaltsrenten oder doch ähnliche Leistungen zum Gegenstand haben und für die Armenverbände als Befriedigungsobjekte hauptsächlich in Betracht kommen:

a. Aus der sogenannten Haftpflicht im engeren Sinne.

Das Haftpflichtgesetz vom 7. Juni 1871 erfährt durch Art 42 des E.G. zum B.G.B. verschiedene Änderungen, und zwar sämtlich zu Gunsten der Berechtigten.

1. Sowohl im Falle der Verletzung als auch im Falle der Tötung umfaßt der zu leistende Schadensersatz außer den Kosten der Heilung, resp. der versuchten Heilung nicht bloß den Vermögensnachteil, der durch Aufhebung oder Minderung der Erwerbsfähigkeit während der Krankheit, sondern auch den Vermögensnachteil, der durch eine Vermehrung der Bedürfnisse während der Krankheit entstanden ist.

2. Im Falle der Tötung entsteht das Recht auf Unterhalt nicht bloß denjenigen Personen, welche dem Getöteten gegenüber zur Zeit der Verletzung bereits kraft des Gesetzes unterhaltsberechtigt waren, sondern auch

denjenigen, denen gegenüber der Getötete noch erst kraft Gesetzes unterhalts=
pflichtig werden konnte, und zwar jedesmal auf die mutmaßliche Dauer
der Lebenszeit des Getöteten. Diese Ersatzpflicht tritt sogar ein, wenn
der dritte Unterhaltsberechtigte zur Zeit der Verletzung erzeugt aber noch
nicht geboren war.

3. Auf die Zahlung der aus der Haftpflicht geschuldeten Renten finden
zunächst die uns schon bekannten allgemeinen Bestimmungen aus § 760
B.G.B. Anwendung. Außerdem kann der Ersatzpflichtige je nach den
Umständen zur Sicherheitsleistung für die künftige Rente angehalten
werden, und der Berechtigte kann auch nach der Verurteilung noch Be=
stellung dieser Sicherheit oder Erhöhung der in dem Urteil bestimmten
Sicherheit verlangen, wenn die Vermögensverhältnisse des Verpflichteten
sich erheblich verschlechtert haben. Endlich kann statt der Rente Ab=
findung in Kapital gefordert werden, wenn ein wichtiger Grund vorliegt.

b. Aus unerlaubten Handlungen.

Durch die in den §§ 823 ff. und 249 ff. enthaltenen Vorschriften
des B.G.B. werden sowohl die gemeinrechtlichen, als die preußisch=land=
rechtlichen Grundsätze über unerlaubte Handlungen und deren Folgen in
folgenden hauptsächlichen Punkten geändert:

1. Die Theorie von groben, mäßigen und geringen Versehen und
von der Verschiedenheit der Schadensersatzpflicht nach dem Grade des Ver=
schuldens ist fallen gelassen. Vielmehr gilt jede auf Vorsatz oder Fahr=
lässigkeit beruhende widerrechtliche Verletzung des Lebens, des Körpers,
der Gesundheit, der Freiheit, des Eigentums oder eines sonstigen Rechtes
eines anderen als unerlaubte Handlung, welche zum Ersatze des daraus
entstehenden Schadens verpflichtet. § 823 Abs. 1.

2. Unmittelbarer, mittelbarer und nur zufälliger Schaden werden
nicht unterschieden. Vielmehr hat jeder, der zum Schadensersatz ver=
pflichtet ist, entweder den Zustand herzustellen, der bestehen würde, wenn
der zum Ersatz verpflichtende Umstand nicht eingetreten wäre, — § 249
— oder falls die Herstellung nicht möglich, oder zur Entschädigung des
Gläubigers ungenügend ist, den Gläubiger in Geld zu entschädigen —
§ 251 —. Es ist also jedesmal voller Schadensersatz, einschließlich des
entgangenen Gewinnes — § 252 — zu ersetzen. Jedoch ist regelmäßig
nur wirklicher Vermögensschaden, nicht auch das Affektionsinteresse zu
berücksichtigen. § 253.

3. Alle Vermutungen hinsichtlich des Verschuldens sowie hinsichtlich
des ursächlichen Zusammenhanges zwischen Verschulden und Schaden sind
vom B.G.B. abgelehnt. Zwar ist auch schadensersatzpflichtig, wer gegen
ein, den Schutz des anderen bezweckendes Gesetz verstößt — § 823 Abs. 2.
Aber daß wirklich Schaden entstanden ist, muß von dem Schadensersatz
Fordernden stets nachgewiesen werden. Und falls ein Verstoß gegen das
Gesetz nach dessen Inhalt auch ohne Verschulden möglich ist, ist zur
Begründung der Schadensersatzpflicht auch noch der Nachweis eines Ver=

schuldens erforderlich — § 823 Abf. 2. letzter Satz. — Damit sind die Präsumtionen der §§ 25 und 26 A.L.R. I., 6 aus der Welt geschafft.

4. Während nach den §§ 18 ff. A.L.R. I., 6 im Falle konkurrierenden Versehens die Ersatzpflicht nach dem Grade des beiderseitigen Verschuldens unter Berücksichtigung des unmittelbaren und des mittelbaren Verschuldens bemessen wurde, hängt nach § 254 al. 1 B.G.B. die Verpflichtung zum Schadensersatz, sowie der Umfang des zu leistenden Ersatzes von Umständen, insbesondere davon ab, inwieweit der Schaden vorwiegend von dem einen oder dem anderen Teil verursacht worden ist. Der Ausdruck „vorwiegend" giebt dem Ermessen des Richters den freiesten Spielraum. Als Richtschnur wird indessen die selbstverständliche Voraussetzung, daß der ursächliche Zusammenhang zwischen der Handlung des Schuldners und dem schädlichen Erfolge durch das eigene Verschulden des Beschädigten nicht aufgehoben sein darf, festzuhalten sein.

5. Wer einen anderen mit einer Verrichtung beauftragt hat, haftet wie nach Preußischem Landrecht, so auch nach den Bestimmungen des B.G.B. für den Schaden, welchen der andere in Ausführung der Verrichtung widerrechtlich Jemandem zugefügt hat. Hierbei ist indessen zu Ungunsten des Auftraggebers eine Abweichung von der Beweispflicht des A.L.R. insofern zu konstatieren, als nach diesem der Verletzte dem Auftraggeber die culpa in eligendo zu beweisen hat, während nach § 831 B.G.B. dem Geschäftsherrn der Beweis obliegt, daß er bei Auswahl der bestellten Person die im Verkehr erforderliche Sorgfalt beobachtet habe oder daß der Schaden auch bei Anwendung dieser Sorgfalt entstanden sein würde.

6. In dem eben unter 5 besprochenen Falle ist für die Haftung des Auftraggebers das Vorliegen einer widerrechtlichen Handlung des bestellten Vertreters entscheidend. Letzterer muß sich eines Delikts, einer unerlaubten Handlung vorsätzlich oder fahrlässig schuldig gemacht haben. Etwas anderes ist die Haftung des Schuldners für seinen gesetzlichen Vertreter oder für diejenigen Personen, deren er sich zur Erfüllung seiner Verbindlichkeiten bedient. Für deren Verschulden haftet er in gleichem Umfange wie für eigenes Verschulden. § 278.

7. Notwehr — § 227 —, Notstand — § 228 —, erlaubte Selbsthilfe — § 229 —, ebenso Bewußtlosigkeit oder krankhafte Störung der Geistesthätigkeit — § 827 —, endlich: große Jugendlichkeit — bis zu 7 Jahren — allein und Jugendlichkeit bis zu 18 Jahren, auch Taubstummheit, in Verbindung mit mangelnder Einsicht — § 828 — befreien von der Verantwortung. Die Haftung tritt jedoch im Falle des § 827 wieder ein, wenn Jemand sich durch geistige Getränke oder ähnliche Mittel in einen vorübergehenden Zustand der dort gedachten Art gesetzt hat, und ebenso im Falle des § 828, wenn der Schadensersatz von einem aufsichtspflichtigen Dritten nicht erlangt werden kann und die Billigkeit nach den Umständen, insbesondere nach den Verhältnissen der Beteiligten, eine Schadloshaltung erfordert, vorausgesetzt wiederum, daß dem Schadensersatzpflichtigen die Mittel nicht entzogen werden, deren er zum standesmäßigen Unterhalt sowie zur Erfüllung seiner gesetzlichen Unterhaltspflicht bedarf. § 829.

8. Umgekehrt entsteht Schadensersatzpflicht nicht bloß durch Handlungen, sondern auch durch Unterlassung, z. B. wegen ungenügender Aufsicht über einen Minderjährigen oder über eine Person, die wegen ihres geistigen oder körperlichen Zustandes der Beaufsichtigung bedarf — § 823 —, ebenso wegen Mangel an Sorgfalt bei der durch Vertrag übernommenen Beaufsichtigung eines gefährlichen Tieres — § 834 —, ferner im Falle des Einsturzes eines Gebäudes oder eines anderen mit einem Grundstück verbundenen Werkes wegen unzureichender Sorgfalt bei der Errichtung oder Unterhaltung — §§ 836 bis 838. — Ja, sogar das Halten eines Tieres an sich — § 833 — kann Schadensersatzpflicht schaffen, wenn durch das Tier ein Mensch getötet oder der Körper oder die Gesundheit eines Menschen verletzt oder eine Sache beschädigt ist.

9. Ganz besondere Erweiterungen erfährt endlich durch das B.G.B. die Schadensersatzpflicht wegen solcher unerlaubter Handlungen, welche gegen die Person eines anderen gerichtet sind. Nicht nur, daß im Falle der Tötung oder der Verletzung des Körpers oder der Gesundheit die eben erörterten Vorschriften über die sogenannte Haftpflicht im engeren Sinne den Umfang der eintretenden Verpflichtungen bestimmen. Das B.G.B. enthält noch darüber hinaus Vorschriften, welche dem Verletzten zum Vorteil gereichen. So erstreckt sich die Verpflichtung zum Schadensersatz wegen einer gegen die Person gerichteten unerlaubten Handlung auch auf die Nachteile, welche die Handlung für den Erwerb oder das Fortkommen des Verletzten herbeiführt — § 842. — So kann ferner der an seinem Körper, an seiner Gesundheit oder der durch Freiheitsentziehung Verletzte auch wegen des Schadens, der nicht Vermögensschaden ist, eine billige Entschädigung in Geld verlangen. — § 847 al. 1. — So ist in gleicher Weise begünstigt eine Frauensperson, gegen die ein Verbrechen oder Vergehen wider die Sittlichkeit begangen oder die durch Hinterlist, durch Drohung oder unter Mißbrauch eines Abhängigkeitsverhältnisses zur Gestattung der außerehelichen Beiwohnung bestimmt worden ist.

c. Aus Dienstverträgen.

Die Verpflichtungen der Herrschaft gegen ihre Dienstboten und des Handwerksmeisters gegen seine Gesellen und Lehrlinge im Falle der Erkrankung waren nach bisherigem Recht so wenig ausreichend, daß es den Armenverbänden, wenn sie die Fürsorge in Krankheitsfällen übernehmen mußten, nur selten gelang, sich vom Arbeitgeber Ersatz zu verschaffen. Speciell die Bestimmung des § 86 der Preußischen Gesindeordnung vom 8. November 1810, welche darauf Gewicht legte, ob sich der Dienstbote die Krankheit durch den Dienst oder bei Gelegenheit des Dienstes zugezogen hatte, führte zu vielen Unzuträglichkeiten und ganz ungewissen Prozessen. Dazu kam, daß nach § 92 l. c. mit der Dienstzeit auch die Verbindlichkeit der Herrschaft aufhörte, für Kur und Pflege des kranken Dienstboten zu sorgen, und daß nicht selten, bevor die Hilfe des Armenverbandes in Anspruch genommen wurde, eine Vereinbarung zwischen Herrschaft und Gesinde über eine vorzeitige Beendigung des Dienstverhältnisses stattgefunden hatte. Das wird mit dem Inkrafttreten des B.G.B. anders werden.

Bei jedem dauernden Dienstverhältnis, welches die Erwerbsthätigkeit des Verpflichteten vollständig oder hauptsächlich in Anspruch nimmt und infolge dessen der Verpflichtete in die häusliche Gemeinschaft aufgenommen ist, hat der Dienstberechtigte ihm im Falle der Erkrankung, ohne Unterschied der Ursache, die erforderliche Verpflegung und ärztliche Behandlung bis zur Dauer von sechs Wochen zu gewähren, sofern nicht die Erkrankung von dem Verpflichteten, d. h. dem Dienstboten, Gesellen, Lehrling, vorsätzlich oder durch grobe Fahrlässigkeit herbeigeführt worden ist. Zwar soll sich auch diese Verpflichtung nicht über die Beendigung des Dienstverhältnisses erstrecken. Wird indessen das Dienstverhältnis wegen der Erkrankung von dem Dienstberechtigten gekündigt, so bleibt die dadurch herbeigeführte Beendigung des Dienstverhältnisses außer Betracht — § 617 al. 1. — Der Dienstberechtigte ist ferner verpflichtet, Räume, Vorrichtungen oder Gerätschaften, die er zur Verrichtung der Dienste zu beschaffen hat, so einzurichten und zu unterhalten, und Dienstleistungen, die unter seiner Anordnung oder seiner Leitung wahrzunehmen sind, so zu regeln, daß der Verpflichtete gegen Gefahr für Leben und Gesundheit soweit geschützt ist, als die Natur der Dienstleistung es gestattet. Ist der Verpflichtete in die häusliche Gemeinschaft aufgenommen, so hat diese Fürsorge für sein Leben und seine Gesundheit sich auf den Wohn- und Schlafraum, auf die Verpflegung, sowie auf die Regelung der Arbeits- und Erholungszeit zu erstrecken. Und erfüllt der Dienstberechtigte die Verpflichtungen nicht, so gelten für seine Verpflichtungen zum Ersatz etwaigen Schadens die oben erörterten Vorschriften der §§ 842 bis 846 B.G.B. über die Schadensersatzpflicht aus unerlaubten Handlungen. —

Diese weitgehenden Verpflichtungen des Dienstberechtigten gegen die Dienstverpflichteten sind noch besonders dadurch gesichert, daß sie nicht im voraus durch Vertrag aufgehoben oder beschränkt werden können — § 619 B.G.B.

D. Ersatzansprüche der Armenverbände gegen den Unterstützten selbst.

Das Reichsgesetz, betreffend den Unterstützungswohnsitz, vom 6. Juni 1870, legt in § 28 nur die Pflicht des einzelnen Armenverbandes fest, den innerhalb seines räumlichen Gebietes hilfsbedürftig Gewordenen zu unterstützen. Welches Verhältnis aber zwischen dem Unterstützten und dem Unterstützenden durch die Erfüllung dieser gesetzlichen Pflicht entsteht, darüber sagt das Gesetz nichts. Die Armengesetzgebungen verschiedener Einzelstaaten füllen nun zwar diese Lücke dadurch aus, daß sie den ihren Armen zu gewährenden Unterhalt nur als Vorschuß behandeln und deshalb beim Eintritt gewisser Voraussetzungen bald in weiterem, bald in beschränkterem Umfange die Erstattung der geleisteten Alimente anordnen — Motive zum B.G.B. Bd. 4 S. 684. — In anderen Gebieten aber existieren solche Vorschriften nicht, so daß in ihnen die Frage der Erstattung durch den Unterstützten selbst eine sehr streitige geblieben ist. Der Charakter des Vorschusses wohnt den Unterstützungen ohne ausdrückliche Gesetzesvorschrift und ohne besondere Abmachung im Einzelfall, deren Zulässigkeit noch dazu zweifelhaft ist, obwohl sie in der Praxis insbesondere bei Natural-Unterstützungen vielfach gehandhabt wird, nicht inne. Auch der Gesichtspunkt der zurückzufordernden Schenkung, der ebenfalls heranzuziehen versucht worden ist, trifft nicht zu. Denn die Unterstützung wird nicht aus Freigebigkeit, sondern in Erfüllung einer den Armenverbänden gesetzlich auferlegten öffentlich-rechtlichen Verpflichtung gewährt. Auch dem Preußischen Ausführungsgesetz vom 8. März 1871 fehlte eine Bestimmung, welche die Erstattungspflicht seitens des Unterstützten festsetzte. Das sogen. Armenfürsorge-Erweiterungsgesetz vom 11. Juli 1891 erklärt zwar in einem Zusatz zum § 68 des Ausführungsgesetzes die Erstattungsklage, wie gegen den alimentationspflichtigen Angehörigen des Unterstützten, so auch gegen den Unterstützten selbst für zulässig. Indessen läßt die Fassung dieses Zusatzes es zweifelhaft, ob damit die Klagbarkeit für die Erstattungsansprüche wegen aller auf Grund des Unterstützungswohnsitzgesetzes gemachten Aufwendungen oder nur wegen der besonderen Aufwendungen für die Anstaltspflege der hilfsbedürftigen Geisteskranken, Idioten, Epileptischen, Taubstummen und Blinden hat konstituiert werden sollen. Leider enthält auch das B.G.B. ausdrückliche Bestimmungen in dieser Beziehung nicht. Vielmehr verweist es durch Art. 103 E.G. auf die diesbezüglichen landesgesetzlichen Vorschriften. Wo solche fehlen, wird deshalb bei der Beurteilung der verschiedenen Fälle, in welchen die Inanspruchnahme des Unterstützten auf Ersatz der zu seinem Unterhalt gemachten Aufwendungen überhaupt in Frage kommen kann, auf die allgemeinen Rechtsgrundsätze des B.G.B. zurückzugehen sein.

Erster Fall: Ist eine Armenunterstützung durch eine arglistige Täuschung des Armenverbandes über die Vermögens- oder Erwerbsverhältnisse erschlichen, so verstand es sich wohl auch schon bisher nach Gemeinem und ebenso nach Preußischem Recht von selbst, daß das so Erlangte zurückgegeben werden mußte. Der gleiche Rückforderungsanspruch wird sich künftig sowohl aus § 826 B.G.B.:

„Wer in einer gegen die guten Sitten verstoßenden Weise einem Anderen vorsätzlich Schaden zufügt, ist dem Anderen zum Ersatz des Schadens verpflichtet",
als auch durch § 819 al. 2 B.G.B. begründen lassen:

„Verstößt der Empfänger durch die Annahme der Leistung gegen ein gesetzliches Verbot oder gegen die gute Sitte, so ist er von dem Empfang der Leistung an — zur Herausgabe — verpflichtet, —" wie wenn der Anspruch auf Herausgabe zu dieser Zeit rechtshängig geworden wäre, d. h. die Verpflichtung zur Herausgabe oder zum Ersatz des Wertes ist dadurch nicht ausgeschlossen, daß der Empfänger nicht mehr bereichert ist — § 818 al. 3 und 4. Denn überall, heißt es in den Motiven Bd. 2 S. 755, wo Jemand durch arglistiges Handeln gegen Treue und Glauben einem Anderen Schaden zufügt, wo also nach der römisch-rechtlichen Doktrin die actio doli begründet ist, liegt auch eine, zwar kraft der allgemeinen Freiheit erlaubte, jedoch gegen die guten Sitten verstoßende widerrechtliche Handlung vor, und als arglistige Täuschung im Sinne des § 123 B.G.B. gilt nach den Motiven — Bd. 1 S. 208 — das Verschweigen solcher Umstände, von denen vorauszusetzen ist, daß sie auf die Entschließung des Anderen von Einfluß sein würden. Ich würde hiernach den Armenverband in jedem Falle zur Rückforderung des Aufgewendeten für berechtigt halten, wo von dem Unterstützten der Besitz eines wenn auch nur geringen Barvermögens verheimlicht oder sein Arbeitsverdienst wesentlich niedriger, als er in der Wirklichkeit war, angegeben und in Folge dieser unrichtigen Angaben Armenfürsorge hat eintreten müssen.

Zweiter Fall:

Der Unterstützte ist wirklich zu der Zeit, wo er die Armenpflege in Anspruch nahm, bedürftig gewesen, demnächst aber während des Bezuges der Unterstützung zu besseren Vermögens- oder Erwerbsverhältnissen gelangt, die es ihm ermöglicht hätten, sehr gut ohne Unterstützung auszukommen. Auch hier hat kaum ein Zweifel darüber geherrscht, daß der Unterstützte sowohl nach den Grundsätzen des Gemeinen als des Preußischen Landrechtes von der Zeit an, wo er in den Besitz ausreichender Mittel gekommen ist, die Unterstützung zu Unrecht angenommen hat und deshalb dementsprechend zur Rückerstattung verpflichtet ist — cf. Entsch. des R.Gs. Bd. 14 S. 197 — und der gleiche Ersatzanspruch würde sich auch künftig auf die eben citierten Vorschriften des B.G.B. gründen lassen.

Dritter Fall:

Eigentliche Schwierigkeiten hat die Geltendmachung des Erstattungsanspruches gegen den Unterstützten bisher nur dann gemacht, wenn derselbe erst in späterer Zeit — nach Einstellung der infolge thatsächlicher Hilfsbedürftigkeit für ihn gemachten Aufwendungen — zu Vermögen gelangt war. Aus den eigenartigen Grundsätzen des Preußischen A.L.R. über nützliche Verwendung, ist allerdings sowohl vom früheren Obertribunal, als auch demnächst vom Reichsgericht — cf. Gruchot Bd. 24 S. 513 — die Berechtigung des Erstattungsanspruches auch für diesen Fall abgeleitet. Für das Gebiet des Gemeinen Rechts dagegen ist in diesem Falle der Erstattungsanspruch in der soeben citierten Entscheidung des Reichsgerichts rundweg abgelehnt, weil bei dem unterstützenden Armenverband, die Absicht, einen Ersatzanspruch zu erwerben, nicht als vorhanden angenommen werden könne und deshalb eine wesentliche Voraussetzung für die Entstehung einer privatrechtlichen Verbindlichkeit fehle. Und ebenso ist im französischen Rechtsgebiet im gleichen Fall die Erstattungspflicht durch ein Urteil des Oberlandesgerichtes Köln vom 4. Februar 1885 — cf. Preuß. Verw. Blatt 1884/85 S. 395 — verneint worden. Zweifelhaft bleibt meines Erachtens die Frage auch in der Zukunft überall da, wo sie nicht landesgesetzlich bestimmt geregelt ist. Denn der

§ 812 B.G.B., der allein zur Begründung des Erstattungsanspruches gegen unterstützte Personen, welche später zu Vermögen gelangen, verwertet werden könnte, verlangt, daß entweder die Leistung, deren Rückerstattung beansprucht wird, ohne rechtlichen Grund erlangt ist oder daß dieser rechtliche Grund später weggefallen ist. Weder das Eine noch das Andere wird man aber für den in Rede stehenden Fall als zutreffend ansehen dürfen. Zum mindesten hat für den unterstützenden Armenverband damals, als er die Aufwendungen machte, eine öffentliche rechtliche Verpflichtung vorgelegen, und der spätere Wegfall des rechtlichen Grundes hat doch nicht ohne weiteres derart rückwirkende Kraft, daß damit die Voraussetzungen der sogen. condictio ob causam finitam — cf. Motive Bd. 2 S. 846 — erfüllt sind. Die Frage der Erstattungspflicht in diesem dritten Falle dürfte somit nach den Bestimmungen des B.G.B. zu verneinen sein, und man wird auch nicht etwa für Preußen, abgesehen von der schon oben erwähnten, in ihrer Tragweite unklaren Bestimmung des Armenfürsorge-Erweiterungsgesetzes vom 11. Juli 1891, aus Art. 103 E.G. zum B.G.B. das Gegenteil herleiten dürfen. Denn der Grundsatz des § 262 A.L.R. I, 13, wonach alles, was aus dem Vermögen des Einen in den Nutzen des Anderen verwendet worden, zurückvergütet werden muß, ist in dieser Allgemeinheit vom B.G.B., nicht bloß nicht acceptiert, sondern durch die Vorschriften in den §§ 812 ff. geradezu als aufgehoben anzusehen —. cf. auch Art. 87 des Entwurfes des Preußischen Ausführungsgesetzes zum B.G.B.

Will man aber, entgegen der eben gemachten Ausführung, die Erstattungspflicht des später zu Vermögen gelangten unterstützten Hilfsbedürftigen nach dem B.G.B. bejahen, so wird man mindestens die gleiche Einschränkung, wie sie in den Gründen der R.G. Entsch. Bd. 14 S. 200 enthalten ist, ebenfalls machen müssen und den Erstattungsanspruch nur da zulassen dürfen, wo die Vermögenslage des Unterstützten sich soweit gebessert hat, daß er bei Zurückzahlung des Empfangenen nicht sofort wieder in Hilfsbedürftigkeit geraten und also wieder als Hilfsbedürftiger zu unterstützen sein würde. Denn ohne dies dürfte von dem Wegfall des Rechtsgrundes zum Behalten des Empfangenen überhaupt nicht die Rede sein.

Der Vollständigkeit halber ist schließlich hier noch zu erwähnen, daß solche Unterstützungen, welche nicht aus dem Armenfonds, sondern aus sogen. Legaten oder Stiftungsfonds verabfolgt werden, wie bisher so auch künftig nicht zurückgefordert werden können, es sei denn, daß die in diesem Falle gleichfalls zulässige Zurückforderung ausdrücklich vorbehalten worden. Denn wenngleich solche Fonds regelmäßig gleichfalls von der Armenbehörde verwaltet zu werden pflegen, und wenngleich ihre Leistungen häufig ebenfalls den Armen der Gemeinde und damit der Armenpflege selbst zugut kommen, so bildet die Verteilung der gedachten Fonds doch keinen Akt der öffentlichen Armenpflege, sondern einen Akt der Wohlthätigkeit, zu welcher, abgesehen von Ansprüchen etwaiger Familienberechtigter, weder eine privat- noch eine öffentlich rechtliche Verbindlichkeit vorliegt. Deshalb dürfte die Rückforderung, wenn nicht schon durch die in den §§ 516 ff. B.G.B. enthaltenen Grundsätze über Schenkungen, so doch ganz ausdrücklich durch § 814 B.G.B. ausgeschlossen sein.

E. Ersatzansprüche dritter Personen gegen Armenverbände.

Es kann vorkommen, daß Dritte, seien es Privatpersonen oder juristische Personen, z. B. Krankenkassen oder Korporationen oder Vereine, welche öffentliche Krankenhäuser oder Anstalten unterhalten, anstatt der verpflichteten Armenverbände hilfsbedürftige Personen verpflegen oder sonst unterstützen, und es entsteht dann die Frage, ob ihnen daraus gegen den Armenverband ein Anspruch auf Erstattung ihrer Aufwendungen zusteht und auf welchem Wege sie diesen Anspruch geltend machen können.

Das Verwaltungsstreitverfahren des U.W.-Gesetzes ist nur für die Streitigkeiten der Armenverbände gegeneinander gegeben, steht also solchen dritten Personen, auch wenn sie an sich ersatzberechtigt sind, weder jetzt noch künftig zur Verfügung. Den Rechtsweg wiederum für solche Ansprüche hat das Reichsgericht in früherer konstanter, mit dem ehemaligen preußischen Obertribunal übereinstimmender Rechtsprechung — cf. insbesondere Entscheidungen des Reichsgerichtes in Civilsachen, Bd. 3 S. 370 ff. und Bd. 27 S. 176 ff. — dann ausgeschlossen, wenn weder zwischen den Parteien ein Einverständnis darüber bestand, daß, in welcher Höhe und in welcher Weise der Armenverband zur Gewährung öffentlicher Unterstützung an den betreffenden Armen verpflichtet gewesen, noch über diese Fragen eine die Verpflichtung des Armenverbandes feststellende Entscheidung der zuständigen Verwaltungsbehörde ergangen war, weil nämlich der Arme selbst kein klagbares Recht, sondern nur ein Recht zur Beschwerde habe, das Recht des Dritten aber rechtlich abhängig sei von dem des unterstützten Armen und deshalb niemals weiter gehen könne als dieses, vielmehr die für den Armen selbst maßgebenden Beschränkungen in der Verfolgung seiner Rechte vermöge rechtlicher Konsequenz auch für den Dritten maßgebend seien. Neuerdings jedoch, in ihrer Sitzung vom 27. April 1898, haben die vereinigten Civilsenate des Reichsgerichtes entgegenstehend dahin entschieden, daß — allerdings zunächst nach Preußischem Recht — der von einem anderen als einem öffentlichen Armenverbande erhobene Anspruch auf Erstattung gewährter Armenunterstützung gegen einen Armenverband im Rechtswege verfolgt werden kann, ohne daß vorher von der Verwaltungsbehörde entschieden worden, daß, in welcher Höhe und in welcher Weise eine Unterstützung im Wege der öffentlichen Armenpflege erforderlich gewesen sei. Die Gründe dieser im preußischen Justizministerialblatt Nr. 28 vom 15. Juli 1898 abgedruckten Entscheidung berufen sich hauptsächlich darauf, daß für Preußen nicht durch ausdrückliche Gesetzvorschrift, wie in Bayern, Württemberg und Baden, der Rechtsweg für Ersatzansprüche dritter Personen ausgeschlossen oder beschränkt sei, daß eine solche Beschränkung nicht ohne weiteres aus § 63 des Preußischen Ausführungsgesetzes vom 8. März 1871 gefolgert werden könne und daß es, wenn gleichwohl eine solche Beschränkung der gerichtlichen Zuständigkeit statuiert werde, in Preußen überhaupt keine Möglichkeit gebe, eine Entscheidung über solche Ersatzansprüche zu erreichen, eine Annahme, die ohne weiteres abzuweisen sei.

Die Plenarentscheidung will, wie schon ihr Tenor besagt, keine materielle Entscheidung über den Ersatzanspruch selbst fällen. Indessen stützt sich ihre Begründung auf materiellrechtliche Normen, nämlich die Vorschriften des Preußischen Civilrechtes über die Geschäftsführung ohne Auftrag und über die nützliche Verwendung; ihre Aufschrift citiert an erster Stelle die §§ 268 und 269 A.L.R. I. 13, und der von ihr aufgestellte Grundsatz soll deshalb zunächst nur für das Gebiet des Preußischen Rechtes gelten, weil nur in diesem die erwähnten civilrechtlichen Vorschriften zur Anwendung gebracht werden können. Alles dies spricht dafür, daß das Reichsgericht unter Umständen auch geneigt sein würde, den Ersatzanspruch dritter Personen gegen die Armenverwaltungen selbst und zwar aus dem Gesichtspunkt der Geschäftsführung ohne Auftrag und der nützlichen Verwendung für begründet zu erklären, und es folgt hieraus für die kommende Zeit der Herrschaft des B.G.B., daß die deutschen Armenverwaltungen überall da, wo nicht durch günstige ausdrückliche Gesetzvorschrift der Rechtsweg für Ersatzansprüche Dritter ausgeschlossen ist, gut thun werden, sich auf eine diesen Ansprüchen günstige Rechtsprechung einzurichten. Denn mit noch viel bestimmteren Worten als die §§ 268 und 269 A.L.R. I., 13 statuieren die §§ 683, 679 B.G.B. die Ersatzpflicht der Armenverbände gegenüber dritten Personen, welche anstatt ihrer einen Hilfsbedürftigen verpflegt oder unterstützt haben. In § 683 heißt es zunächst allgemein, daß der Geschäftsführer wie ein Beauftragter, Ersatz seiner Aufwendungen verlangen kann, wenn die Übernahme der Geschäftsführung dem Interesse und dem wirklichen oder mutmaßlichen Willen des Geschäftsherrn entspricht und sodann im zweiten Absatz: „In den Fällen des § 679 steht dieser Anspruch dem Geschäftsführer zu, auch wenn die Übernahme der Geschäftsführung mit dem Willen des Geschäftsherrn in Widerspruch steht." In § 679 ist aber gerade unser Fall behandelt: „wenn nämlich ohne die Geschäftsführung eine Pflicht des Geschäftsherrn, deren Erfüllung im öffentlichen Interesse liegt, nicht rechtzeitig erfüllt werden würde." Somit wird die künftige materielle Rechtsnorm des B.G.B. von den Civilgerichten erst recht benutzt werden können, wenn sie der Plenarentscheidung des Reichsgerichtes folgen wollen.

Bei der Wichtigkeit der Sache für die Armenverwaltungen mögen zu dieser Entscheidung noch einige Bemerkungen gestattet sein.

Diejenige Verwaltung, welche sich entweder mit dem Armen selbst oder einem Dritten über eine von ihr zu gewährende Unterstützung geeinigt hat oder die auf Beschwerde des Armen von der zuständigen Verwaltungsbehörde zur Gewährung einer bestimmten Unterstützung verurteilt ist, wird sich nicht beklagen dürfen, wenn sie demnächst von einem Dritten, der statt ihrer geleistet hat, mit Erfolg auf Ersatz des

Geleisteten belangt wird. Anders aber liegt doch die Sache, wenn sie von dem Armen niemals in Anspruch genommen worden und doch hinterher, vielleicht für längere Zeit, zurückzahlen soll. Ihre Fürsorgepflicht und deren Voraussetzungen werden in diesem Falle vollständig geändert. Die Verpflichtung wird aus einer öffentlich-rechtlichen eine privatrechtliche. Die Prüfung der Bedürftigkeit wird ihr aus der Hand genommen. Ja, im Grunde liegt doch nach den sonst feststehenden Begriffen der Hilfsbedürftigkeit eine solche dann überhaupt nicht vor, wenn ein Dritter aus freiem Antriebe die Fürsorge übernimmt und damit die Fürsorge des Armenverbandes entbehrlich macht. Ist schließlich die civilrechtliche Ersatzklage gegeben, wenn weder eine solche Einigung, wie oben erwähnt, zu stande gekommen ist, noch die zuständige Verwaltungsbehörde Festsetzung getroffen hat, dann ist sie logischer Weise auch in dem Fall nicht ausgeschlossen, wenn die Verwaltungsbehörde die Beschwerde des Armen wegen mangelnder Hilfsbedürftigkeit als unbegründet zurückgewiesen hat. Denn der Civilrichter ist an den Spruch der Verwaltungsbehörde nicht gebunden und somit auch nicht gehindert, entgegengesetzt zu entscheiden. Diese Konsequenzen zwingen entschieden dazu, die besprochene Entscheidung des Reichsgerichtes nicht zu sehr zu verallgemeinern, sondern die Entscheidung über den Ersatzanspruch selbst von den besonderen Umständen des jedesmaligen Falles abhängig zu machen.

In dem Falle, welcher der zuerst erwähnten Entscheidung in Bd. 3 S. 376 ff. zu Grunde lag, hatte der Ersatzfordernde einen hilfsbedürftigen Geisteskranken mehrere Jahre hindurch bis zu seinem Tode vollständig verpflegt, ohne daß der beklagte Armenverband jemals in Anspruch genommen war. Wir verstehen durchaus die vom Reichsgericht ausgesprochene Abweisung des Klägers. Nur hätte dieselbe nicht wegen Unzulässigkeit des Rechtsweges, sondern materiell mit der Begründung erfolgen müssen, daß der Kläger durch ein klügeres Verhalten die Aufwendungen, die er gemacht, hätte vermeiden können und daß somit seine Aufwendungen weder als notwendig, noch als nützlich angesehen werden könnten. In dem anderen Falle, welcher zu der besprochenen Plenarentscheidung Anlaß gegeben, hatte die klagende Krankenkasse die begonnene Kur ihres Kassenmitgliedes in einem Krankenhause über die statutenmäßige Zeit hinaus wegen fortdauernder Hilfsbedürftigkeit des Kranken fortgesetzt, die gesamten Kurkosten aus ihren Mitteln bezahlt und forderte nun Ersatz für die über ihre Verpflichtung hinausgehende Kurzeit von dem Armenverband des Unterstützungswohnsitzes des Kranken. Wir würden es wiederum sehr wohl verstehen können, wenn das Reichsgericht nicht bloß den Klageweg für zulässig erklärt, sondern auch materiell nach dem Klageantrage erkannt hätte. Denn hier war der Klägerin nichts anderes übrig geblieben, als den Hilfsbedürftigen im Krankenhaus zu belassen. Der beklagte Armenverband hätte gar nicht anders und jedenfalls nicht besser für ihn sorgen können. Die Aufwendungen der Klägerin waren somit nicht bloß nützlich, sondern sogar notwendig.

Sehen wir uns nach dieser Betrachtung der beiden Einzelfälle die Bestimmung in § 679 B.G.B. noch einmal an! Es will mir scheinen, als ob der Wortlaut: „wenn ohne die Geschäftsführung eine Pflicht des Geschäftsherrn, deren Erfüllung im öffentlichen Interesse liegt, nicht rechtzeitig erfüllt werden würde", der verschiedenartigen Sachlage der beiden besprochenen Fälle von vornherein Rechnung trägt.

Wenn hienach ein Hilfsbedürftiger ohne die ihm von einem Dritten gewährte Hilfe in Gefahr geraten wäre, umzukommen oder doch erheblichen Schaden an seiner Gesundheit zu erleiden, so würde der Dritte nach dem B.G.B. für seine zur Abwendung dieser Gefahr nützlicher Weise gemachten Aufwendungen einen civilrechtlich klagbaren Ersatzanspruch gegen den verpflichteten Armenverband zweifellos geltend machen können.

F. Erbrecht der Armenverbände und der Armenanstalten.

Als auch künftig ersatzberechtigt sind in dem schon öfter erwähnten Art. 103 E.G. zum B.G.B. außer dem Staat und den Verbänden auch Anstalten aufgeführt, welche auf Grund des öffentlichen Rechtes zur Gewährung von Unterhalt verpflichtet sind. Nachdem jedoch durch § 2 U.W.G. die öffentliche Unterstützungspflicht im Geltungsgebiet dieses Reichsgesetzes auf die Orts= und Armenverbände übertragen ist, dürften schon gegenwärtig in den diesem Gebiet angehörenden Bundesstaaten Ersatzansprüche solcher Armenanstalten gegen unterhaltspflichtige Angehörige, soweit deren eigenes Vermögen in Betracht kommt, überhaupt nicht — und gegen die unterstützte Person, resp. in deren Vermögen nur da vorkommen, wo diese Anstalten erstens selbständige juristische Persönlichkeit und somit ein besonderes, von dem Vermögen des betreffenden Armenverbandes getrenntes Vermögen besitzen und wo ihnen zweitens ein solcher Ersatzanspruch durch gesetzliche Bestimmung ausdrücklich eingeräumt ist. Letzteres ist in Preußen der Fall. Denn hier ist den öffentlichen Armenanstalten, als welche in § 32 A.L.R. II, 19, Armenhäuser, Hospitäler, Waisen= und Findel=, Werk= und Arbeitshäuser aufgezählt sind, nicht bloß das in den §§ 50 ff. desselben Titels näher bestimmte Erbrecht in den Nachlaß der in ihnen verpflegten Personen, sondern in § 55 daselbst auch das Recht auf Rückforderung der auf sie verwendeten Kosten aus ihrem Vermögen oder Nachlaß selbst dann gegeben, wenn die aufgenommenen Personen die Anstalt vor ihrem Tode freiwillig wieder verlassen haben.

Dieses Rückforderungsrecht ist durch Art. 103. E. G. für die Zeit nach dem Inkrafttreten des B.G.B. aufrecht erhalten. Ebenso aber auch durch Art. 139 E.G. das eben erwähnte Erbrecht. Ja, es dürfte nach dem Wortlaut des Art. 139 E.G. — „in Ansehung des Nachlasses einer verpflegten oder unterstützten Person" — kein Zweifel darüber obwalten, daß auch das besondere Erbrecht der Berliner Armendirektion, dessen Entstehung nicht von Anstaltsverpflegung abhängig ist, sondern nur der Unterstützung bei Lebzeiten bedarf, vom B.G.B. unberührt bleiben wird. Ebenso werden umgekehrt alle anderen preußischen Armenverwaltungen, falls sie jemandem nur Beiträge zu seinem Unterhalt gegeben haben, sich auch künftig mit dem ihnen in § 67 A.L.R. II, 19 noch besonders bestätigten Rückforderungsrecht aus dem Nachlaß begnügen müssen.

Zu beachten sind ferner auch künftig die §§ 60 und 61 A.L.R. II, 19, sowie von der Berliner Armenverwaltung die gleichlautende Bestimmung im Hofreskript vom 2. Juli 1801, wonach dem in die Anstalt Aufzunehmenden resp. dem die Unterstützung Nachsuchenden das Erbrecht bekannt zu machen und, daß dies geschehen, in einem von ihm zu unterzeichneten Protokoll zu bemerken ist. Diese Protokolle wurden bisher in der Regel von dem Vorsteher, Inspektor oder Hausvater der Anstalt resp. von einem Magistratsbeamten aufgenommen und galten gemäß § 129 der Allgemeinen Gerichtsordnung I., 10, als öffentliche Urkunden, gegen welche von dem, der sie bestritt, der Beweis der Unrichtigkeit geführt werden mußte. Es war sogar ausreichend, wenn die Parteien das Protokoll anstatt der eigenhändigen Unterschrift „mit den in ähnlichen Fällen zugelassenen Zeichen" versehen. Doch mußte der Beamte bei seiner Unterschrift „die Eigenschaft beifügen, in welcher er zur Aufnehmung dieses Protokolls autorisiert gewesen." cf. Nr. 3 und 4 des citierten § 129. Nachdem nunmehr das Reichsgesetz über die Angelegenheiten der freiwilligen Gerichtsbarkeit vom 17. Mai 1898 allein die gerichtlichen, die notariellen und die gerichtlich oder notariell beglaubigten Urkunden als öffentliche Urkunden mit Beweiskraft erklärt hat, würde die Frage entstehen, ob solchen Protokollen auch künftig die bisherige Beweiskraft innewohnen wird, wenn nicht das Einführungsgesetz zu dem letzterwähnten Gesetz die bisherige Gewohnheit berücksichtigt und im § 180 zu Gunsten der nach den Landesgesetzen gültigen Urkunden einen entsprechenden Vorbehalt gemacht hätte. Trotzdem dürfte es aber die Vorsicht gebieten, die Erklärungen lesens- oder schreibensunkundiger Personen darüber, daß ihnen das Erbrecht bekannt gemacht worden, künftig gerichtlich oder notariell aufnehmen zu lassen, und jedenfalls wird gegenüber tauben, blinden, stummen oder sonst am Sprechen verhinderten Personen diejenige Form, welche in § 169 des citierten Reichsgesetzes für solche Fälle vorgeschrieben ist, genau zu beobachten sein.

G. Verjährung.

Die Verjährungs- und Anmeldefristen des Unterstützungs-Wohnsitz-Gesetzes und der sogen. socialpolitischen Gesetzgebung hat das B.G.B. in keiner Weise geändert. Es genügt deshalb im übrigen hier auf die genannten Gesetze selbst zu verweisen. Nützlich ist es vielleicht nur, auf die erst durch Art. IV der Novelle zum U.W.G. vom 12. März 1894 eingeführte kurze Verjährung von 2 Jahren für alle Erstattungs- und Ersatzansprüche, welche auf Grund des Unterstützungs-Wohnsitz-Gesetzes erhoben werden, aufmerksam zu machen.

Was den auf dem Verwandtschaftsverhältnis beruhenden Anspruch auf Unterhalt anbetrifft, so interessiert zunächst die Vorschrift in § 194 al. 2, B.G.B., wonach der Anspruch aus einem familienrechtlichen Verhältnis der Verjährung überhaupt nicht unterliegt, soweit er auf die

Herstellung des dem Verhältnis entsprechenden Zustandes für die Zukunft gerichtet ist. Danach werden Ehegatten einander, sowie Kinder ihre Eltern und umgekehrt auf Gewährung von Unterhalt in Anspruch nehmen können, auch wenn das Verwandtschaftsverhältnis zwischen ihnen seit dreißig und mehr Jahren gar nicht geltend gemacht ist. „Die eigentümliche Natur dieser Ansprüche gestattet eben nicht, daß dieselben durch Nichtausübung verloren gehen. Der Person nicht um ihrer selbst willen, sondern mit Rücksicht auf die Familienverbindung, in welcher sie steht, gegeben, bilden sie lediglich die Kehrseite einer zur Rechtspflicht erhobenen sittlichen Pflicht. So lange diese im Vordergrunde stehende Pflicht dauert, muß auch das derselben entsprechende Recht mit den darauf beruhenden Ansprüchen, soweit letztere auf Herstellung des dem familienrechtlichen Verhältnisse entsprechenden Zustandes gerichtet sind, bestehen bleiben." Motive Band 1, S. 294. Dagegen fällt unter die citierte Vorschrift nicht der Unterhaltsanspruch des unehelichen Kindes gegenüber dem Vater und ebenso wenig der Anspruch der Mutter des unehelichen Kindes auf die sogen. Sechswochenkosten. Denn diese Ansprüche sind nur von kurzer Dauer und endigen jedenfalls innerhalb des Zeitraumes der ordentlichen Verjährung. cf. Motive Bd. 1 S. 294 und 295.

Die regelmäßige Verjährungsfrist beträgt nach § 195 B.G.B. dreißig Jahre. Jedoch ist für unsere Zwecke zu beachten, daß § 197 B.G.B. für die Ansprüche auf Rückstände von Unterhaltsbeiträgen und allen anderen regelmäßig wiederkehrenden Leistungen eine kürzere, nämlich: die vierjährige Verjährungsfrist vorschreibt, und zwar ist diese Vorschrift zweifellos dahin zu interpretieren, daß solche Rückstände in der kurzen Frist von 4 Jahren nicht bloß da verjähren, wo das Unterhaltsrecht im Ganzen noch überhaupt nicht geltend gemacht ist, sondern ebenso auch da, wo dies Unterhaltsrecht ausdrücklich anerkannt oder durch gerichtliches Urteil festgestellt worden. Natürlich bleibt im übrigen das Unterhaltsrecht an sich, also für die Zukunft und für die letzten 4 Jahre bestehen.

Eine auch vom B.G.B. nicht entschiedene, uns aber sehr nahe angehende Zweifelsfrage ist die, wie sich diejenigen Ansprüche zu der vierjährigen Verjährung verhalten, welche dritten Personen aus der Bestreitung von Rückständen der bezeichneten Art im Wege der Geschäftsführung ohne Auftrag erwachsen. Die auf Verwandtschaft sich gründenden Unterhaltsansprüche und deren Rückstände dürften freilich überhaupt nicht unter § 197 B.G.B. fallen. Denn wegen der Voraussetzungen, von welchen in jedem neuen Zeitabschnitt — § 1612 al. 3 und § 760 B.G.B. — die Entstehung der diesbezüglichen einzelnen Ansprüche abhängig und deren Vorhandensein immer wieder neu zu prüfen ist, können diese Ansprüche meiner Meinung nach nicht zu den regelmäßig wiederkehrenden Leistungen gerechnet werden. Aus diesem Grunde bietet auch die früher bereits besprochene Vorschrift des § 1613 keine Schwierigkeit, wonach bei Unterhaltsrechten aus der Verwandtschaft für die Vergangenheit, abgesehen von Verzug und Rechtshängigkeit, überhaupt nicht Erfüllung gefordert werden kann. Dritte werden in diesem Fall durch § 1613 B.G.B. in keiner Weise gehindert sein, ihre Auslagen für hilfsbedürftige Verwandte, und zwar auch für einen länger als 4 Jahre zurückliegenden Zeitraum erstattet zu verlangen. Anders aber liegt die Sache bei den Unterhaltsansprüchen aus unehelicher Geburt und bei ähnlichen Ansprüchen, deren Geltendmachung von sonst keinen Voraussetzungen in der Person des Berechtigten sowohl als des Verpflichteten abhängt und auch seitens des Berechtigten selbst für die Vergangenheit nicht ausgeschlossen ist. Soll der Dritte ältere als vierjährige Rückstände erstattet verlangen dürfen, während der Anspruch des Berechtigten für dieselbe Zeit bereits verloren gegangen ist? Die Lösung dieses Widerspruchs hat der Gesetzgeber absichtlich unterlassen. Er hat ausweislich der Motive Bd. 1 S. 306 davon Abstand genommen, solche Ersatzansprüche Dritter ebenfalls der kürzeren Verjährung zu unterwerfen, weil ein hinreichender Anlaß, die allgemeinen Grundsätze insoweit zu durchbrechen, nicht vorliege, auch das bisherige Recht eine derartige Vorschrift nicht kenne. Damit scheint mir gesagt, daß die streitige Frage in jedem Einzelfall nach allgemeinen Rechtsgrundsätzen zu entscheiden ist, und ich meine weiter, daß in den meisten Fällen auch der Ersatzanspruch des Dritten für ältere als vierjährige Auslagen zwar nicht verjährt, aber deshalb nicht mehr klagbar sein wird, weil doch insoweit, als für den Verpflichteten die Verpflichtung aufgehört hat, von einer nützlichen Geschäftsführung, die doch allein zum Ersatz verpflichtet, kaum mehr die Rede sein kann.

Der kurzen Verjährung von 3 Jahren unterliegen ferner die Ansprüche auf Schadensersatz aus unerlaubten Handlungen und einer noch kürzeren von 2 Jahren die Schadensersatzforderungen aus dem gleichfalls besprochenen Haftpflichtgesetze, cf. § 852 B.G.B. und Art. 42 No. III E. G. zum B.G.B. Im erstgedachten Fall beginnt die Verjährung mit dem Zeitpunkt, in welchem der Verletzte von dem Schaden und der Person des Ersatzpflichtigen Kenntnis erlangt hat, in letzterem Falle läuft die Verjährungsfrist entweder von dem die Haftpflicht begrenzenden Unfall ab oder im Falle der Tötung gegen denjenigen, welchem der Getötete Unterhalt zu gewähren hatte, vom Tode ab.

Alle übrigen besprochenen Ersatzansprüche, insbesondere auch die gegen den Unterstützten selbst oder diejenigen dritter Personen gegen Armenverbände, verjähren erst in der gewöhnlichen Frist von 30 Jahren.

II.

Referat

von

Stadtrat **Cuno** in Königsberg i. Pr.

A. Stiftungen.

1. Vorbemerkung.

Das B.G.B. hat in der Lehre von den juristischen Personen sich die Beschränkung auferlegt, nur die privatrechtliche Seite zu regeln, die öffentlich=rechtliche aber dem Landesrecht vorzubehalten. Infolgedessen ist die Berücksichtigung der Wünsche, welche der Deutsche Verein für Armenpflege rücksichtlich der gesetzlichen Regelung des Rechts der Stiftungen (im weitesten Sinne) und ihrer Beziehungen zur öffentlichen Armenpflege wiederholt ausgesprochen hat, von vornherein ausgeschlossen gewesen, weil deren Verwirklichung nur auf dem Gebiete des öffentlichen Rechts erfolgen könnte. Die Vorschriften des B.G.B. über die privatrechtlichen Verhältnisse der juristischen Personen, insbesondere der Stiftungen, haben daher für die Armenverbände nur ein geringes Interesse. Sofern es sich um eine Stiftung im engeren Sinne, d. h. um ein bestimmten und dauernden Zwecken gewidmetes und zu diesem Behufe selbständig gestelltes Vermögen handelt, kommt ein Interesse der Armenverbände nur insoweit in Frage, als etwa die Verwaltung der Stiftung einer „öffentlichen Behörde", z. B. dem Magistrat oder der Armenverwaltung zugewiesen ist.

Die bisherige Jurisprudenz und Gesetzgebung hat mehrfach einen Unterschied darin gesehen, ob die Verfolgung des Stiftungszwecks das Vorhandensein besonderer Einrichtungen voraussetzt bezw. in denselben sich verkörpert („Anstalten", vergl. § 32, § 42 ff. II. 19 Pr. A.L.R.) oder ob die Erreichung des Zwecks ohne solche Einrichtungen sich vollzieht. Das B.G.B. hat von dieser Unterscheidung bei den privatrechtlichen juristischen Personen abgesehen. Nur in § 89 werden neben Körperschaften und Stiftungen auch „Anstalten" des öffentlichen Rechts erwähnt. Nach der Begründung hat man durch diesen Ausdruck die Gebilde des öffentlichen Rechts decken wollen, bei denen Zweifel bestehen, ob es sich um eine Körperschaft oder eine Stiftung handele (Denkschr. S. 19). Da für die Verfassung der Stiftungen das Landesrecht vielfach maßgebend bleibt (vergl. Nr. 6), so ist auch künftig die Unterscheidung des preußischen Rechts zwischen „milden Stiftungen" und ihnen gleichstehenden Anstalten von anderen Stiftungen zu beachten (vergl. Entsch. d. Obertribunals Bd. 23 S. 356, Bd. 40 S. 78 über den Begriff der milden Stiftung im Sinne des § 32 II. 19 A.L.R.).

Familienstiftungen, d. h. Stiftungen für eine Familie, sei es die des Stifters oder eine fremde (vergl. § 21, 22 II, 4 Pr. A.L.R., Pr. Ausführungsgesetz Art. 1) hebt das B.G.B. nicht besonders hervor. Sie unterliegen deshalb den allgemeinen Vorschriften. Sondervorschriften des Landesrechts (z. B. die Bestimmungen des preußischen Rechts über die gerichtliche Verlautbarung) sind, soweit sie sich nicht auf die Verfassung der Stiftung beziehen (§ 85), aufgehoben. Nur für Familienfideikommisse hat Art. 59 des Einführungsgesetzes die landesrechtlichen Vorschriften aufrechterhalten. Der Begriff des Familienfideikommisses im Gegensatz zur Familienstiftung wird auch fernerhin nach dem Landesrecht zu bestimmen sein. Das Recht der Familienstiftungen ist im preußischen Ausführungsgesetz ausführlich behandelt. Für die Armenverbände kommen diese Vorschriften nicht in Betracht.

2. Stiftungen des öffentlichen Rechts.

Auf die juristischen Personen des öffentlichen Rechts, also den Staat (Reichs- und Landesfiskus), „Körperschaften, Anstalten und Stiftungen des öffentlichen Rechts" findet von den Vorschriften der §§ 21—88 nach § 89 nur § 31 entsprechende Anwendung (siehe folgenden Abschnitt). Außerdem findet, soweit überhaupt ein Konkurs zulässig ist, die Bestimmung des § 42 Abs. 2 Anwendung, wonach der Vorstand im Falle der Überschuldung die Eröffnung des Konkursverfahrens zu beantragen hat, und die Vorstandsmitglieder bei verschuldeter Säumnis den Gläubigern für den daraus entstandenen Schaden haften.

Im übrigen finden auf die juristischen Personen des öffentlichen Rechts die Vorschriften des B.G.B. im zweiten Titel des ersten Buches keine Anwendung.

Eine juristische Person ist dadurch noch nicht öffentlich-rechtlicher Natur, daß die Verwaltung von einer öffentlichen Behörde geführt wird. Das wesentliche Merkmal der öffentlich-rechtlichen juristischen Person besteht darin, daß im öffentlichen Interesse ihr Verhältnis nach innen und außen durch Vorschriften geregelt ist, die den Charakter von Rechtsnormen, nicht gewillkürter Satzung, haben und ihr oft, nicht notwendig, öffentlich-rechtliche Funktionen, Befugnisse, Pflichten verleihen[1], so daß ihre Verwaltung ein Teil der öffentlichen Verwaltung ist. Es werden hierzu neben den kommunalen Verbänden (Stadt- und Landgemeinden, Armenverbänden u. s. w.) auch Krankenanstalten, Siechen-, Armen-, Waisenhäuser gehören, insoweit sie öffentliche Anstalten sind, nicht auf privater Stiftung beruhen und nicht lediglich unter privater Verwaltung stehen. Für ihre Organisation und Verfassung bleiben die partikularrechtlichen Vorschriften in Kraft.

3. Haftung der juristischen Personen.

Nach § 31 B.G.B. haften alle juristischen Personen des öffentlichen Rechts wie des Privatrechts, also auch der Fiskus, Gemeinden, Stiftungen für den Schaden, „den der Vorstand, ein Mitglied des Vorstandes, oder ein

---

[1] Rehbein, Das B.G.B. S. 33, Protokolle II. Lesung Bd. I S. 586.

anderer verfassungsmäßig berufener Vertreter durch eine in Ausübung der ihm zustehenden Verrichtungen begangene, zum Schadensersatze verpflichtende Handlung einem Dritten zufügt." Es ist gleichgültig, ob diese Handlung an sich rechtswidrig, oder auch ohne Rechtswidrigkeit zum Schadensersatz verpflichtet (z. B. § 833 Schaden, der durch Tiere angerichtet wird, § 904 Schaden bei Abwendung einer Gefahr). Es handelt sich dabei auch nicht nur um rechtsgeschäftliche Handlungen, sondern auch um thatsächliche Verrichtungen (Verletzung eines Patentrechts, Beschädigung der gemieteten Diensträume seitens des Beamten, Außerachtlassen der Aufsicht über Unterbeamte)[1]. Würde man es als eine widerrechtliche Verletzung des Rechts (§ 823) eines Armenverbandes ansehen können, wenn eine Stiftung oder ein Wohlthätigkeitsverein Unterstützungen gewährt mit der Absicht oder gar nur mit dem Erfolg, den Unterstützungswohnsitz zum Nachteil des Armenverbandes zu beeinflussen (vergl. Flesch in den Schriften des Vereins Heft 8, S. 34), so würde die Stiftung, der Verein, für solche Handlung ihrer Vertreter haften. Man wird aber die Frage verneinen müssen, weil gesetzliche Vorschriften, welche die Privatwohlthätigkeit in der Freiheit der Entschließung einengen, nicht bestehen, sodaß selbst absichtliches Handeln gegen die Interessen des Armenverbandes nicht als widerrechtlich gelten kann. (Vergl. auch Entsch. des Bundesamts für Heimatwesen Heft 30, S. 60.)

Der Sinn dieser wichtigen Vorschrift ist dahin zu umschreiben: Für **Wollen und Handeln ihrer verfassungsmäßig berufenen Vertreter** haftet die juristische Person ebenso, wie die natürliche Person für **eigenes Verschulden** haftet. Auch der Nachweis der beobachteten Sorgfalt bei der Auswahl, Beaufsichtigung und Leitung kann sie nicht befreien. Für solche Personen, die für sie nur als **Werkzeuge** handeln, haftet auch die juristische Person nur soweit, als die natürliche Person für fremdes Verschulden oder aus der Bereicherung haftet (vergl. §§ 278, 664, 691, 812 ff., 831). Ob eine Person als Vertreter, d. h. Willensorgan, oder nur als Werkzeug anzusehen ist, ist von Fall zu Fall zu entscheiden.

Auch das Handeln des Vertreters gilt als Handeln der juristischen Person nur insoweit, als innerhalb des ihm zugewiesenen Gebiets, sei es in Ausübung der Vertretungsmacht, sei es in Ausführung der ihm obliegenden thatsächlichen Verrichtungen, gehandelt hat; was er außerhalb seiner Verrichtungen oder nur bei Gelegenheit derselben thut, verpflichtet die juristische Person nicht. Eck führt als Beispiel an: Wenn der Beamte, nachdem er die gemieteten Diensträume verlassen hat, auf der Treppe durch Wegwerfen der Cigarre einen Brand stiftet[2].

Zu beachten ist, daß diese Vorschriften sich nur auf ein Handeln des Vertreters im **privatrechtlichen Verkehr** beziehen; wenn Staats- oder Kommunalbeamte in Ausübung öffentlich-rechtlicher Funktionen, der ihnen „anvertrauten öffentlichen Gewalt", Schaden stiften, so entscheidet nach Art. 77 des Einführungsgesetzes das Landesrecht.

---

[1] Eck, Vorträge über das Recht des B.G.B., Bd. I S. 59.
[2] Eck S. 60.

4. Entstehung der Stiftung.

Zur Entstehung der Stiftung ist erforderlich:
1. Die Willenserklärung des Stifters, daß er die Stiftung errichte;
2. die Genehmigung des Bundesstaates, in dessen Gebiet die Stiftung ihren Sitz haben soll, nötigenfalls des Bundesrats. Die staatliche Genehmigung ist zur Entstehung erforderlich, hat also — abweichend vom preußischen Recht — nicht nur deklaratorische, sondern konstitutive Bedeutung. Der Eintragung in ein Register (Vereinsregister) bedarf es zur Erlangung der juristischen Persönlichkeit nicht. Die durch die Genehmigung entstehende Stiftung ist rechtsfähig. Welche Behörde des Bundesstaates für die Genehmigung zuständig ist, bestimmt sich nach dem Landesrecht. Für Preußen hat das Ausführungsgesetz zum B.G.B. für Familienstiftungen die Gerichte für zuständig erklärt, während „bezüglich der sonstigen Stiftungen die Zuständigkeit im Wege Königl. Verordnung zu regeln sein wird" (Begründung S. 61). Solange solche nicht ergeht, ist Königl. Genehmigung erforderlich. Das hessische Ausführungsgesetz behält die Genehmigung dem Großherzog vor (Art. 7), das hamburgische dem Senat (§ 6).

Das Stiftungsgeschäft kann eine Verfügung unter Lebenden oder von Todes wegen sein.

Das Stiftungsgeschäft unter Lebenden bedarf der schriftlichen Form. Bis zur Erteilung der Genehmigung ist der Stifter zum Widerruf berechtigt. Sofern die Genehmigung bei der zuständigen Behörde bereits nachgesucht war, muß der Widerruf der Behörde gegenüber erklärt werden, ist also ein empfangsbedürftiges Rechtsgeschäft (§ 130 ff.). Bloßes Zerreißen der Urkunde würde also nicht mehr genügen.

Der Erbe darf nur widerrufen, sofern der Stifter das Gesuch um Genehmigung noch nicht bei der zuständigen Behörde eingereicht, oder das die Urkunde aufnehmende Gericht bezw. den Notar mit der Einreichung betraut hatte.

Bei einer Verfügung von Todeswegen ist selbstverständlich ein Widerruf seitens des Erben unzulässig. Der Erbe oder der Testamentsvollstrecker hat die Genehmigung nachzusuchen; falls diese es unterlassen, hat das Nachlaßgericht die Verpflichtung dazu.

Bisher haben wohl oft die zur Verwaltung der Stiftung Berufenen, insbesondere die zur Verwaltung bestimmte Behörde (Magistrat) die Genehmigung nachgesucht und waren dadurch zu einer Einwirkung auf die nähere Ausgestaltung des Stiftungsstatuts imstande. Das fällt bedauerlicherweise fort.

Das B.G.B. sieht das Stiftungsgeschäft als die Grundlage der Genehmigung an. „Die Verfassung einer Stiftung wird, soweit sie nicht auf Reichs- oder Landesgesetz beruht, durch das Stiftungsgeschäft bestimmt" (§ 85). Es scheint von der — namentlich bei letztwilliger Stiftung — nicht immer zutreffenden Voraussetzung auszugehen, daß der Stifter über die Verfassung der Stiftung, insbesondere die wesentlichen Erfordernisse derselben, den Namen, den Sitz, und den zu ihrer Verwaltung berufenen Vorstand (§§ 80, 86, 26) genaue Bestimmungen treffen würde. Meines Erachtens wird es genügen, wenn das Stiftungsgeschäft den Zweck der Stiftung und das für diesen Zweck bestimmte Vermögen angiebt. Man

A. Stiftungen.

wird annehmen dürfen, daß, wenn der Stifter über die Verfassung keine näheren Vorschriften gegeben hat, er dem Staat, durch dessen Genehmigung die Stiftung lebendig wird, die Ergänzung durch Bestellung des Vorstandes und Bestimmung des Namens und Sitzes hat überlassen wollen, vergl. für gemeines Recht: das Urteil des Reichsgerichts vom 21. Oktober 1887, Entsch. Bd. 19, S. 257.

Das sächsische Ausführungsgesetz zum B.G.B. vom 18. Juni 1898 bestimmt in § 1:

„Die Verfassung einer Stiftung wird, soweit sie nicht durch das Stiftungsgeschäft bestimmt worden ist, von der Behörde geregelt, der die Genehmigung der Stiftung zusteht. Die Behörde kann die von ihr getroffenen Bestimmungen ändern sowie neue ergänzende Bestimmungen treffen, unbeschadet der inzwischen begründeten Rechte Dritter."

Das gleiche Recht weist Art. 8 des hessischen Ausführungsgesetzes dem Staatsministerium zu.

In vielen Bundesstaaten gelten bezüglich der Verwaltung ergänzende Vorschriften (s. unter Nr. 6).

Selbstverständlich ist, daß, von dieser im Sinne des Stifters liegenden Ergänzung abgesehen, das Stiftungsgeschäft und die Genehmigung sich decken müssen. Änderungen ohne Zustimmung des Stifters oder der Erben darf die zur Genehmigung berufene Behörde nicht vornehmen. Andernfalls wäre die errichtete Stiftung nicht genehmigt, der Stifter, bezw. der Erbe, würden die genehmigte Stiftung nicht als die errichtete anzuerkennen brauchen (R.G. bei Gruchot Bd. 27, S. 984). Auch dritte Interessenten würden, wie in Bd. 19, S. 257 der Entscheidungen des Reichsgerichts anerkannt ist, ein Klagerecht haben[1].

5. Übergang des Stiftungsvermögens auf die Stiftung.

Mit der Genehmigung entsteht die Stiftung. Wird aber die Stiftung erst nach dem Tode des Stifters genehmigt, so gilt sie für die Zuwendung des Stifters als schon vor dessen Tode entstanden (§ 84).

Bei Stiftung unter Lebenden ist die Streitfrage, ob das Stiftungsvermögen mit der Genehmigung von selbst auf die Stiftung übergeht, in verneinendem Sinne entschieden. Der Stifter ist verpflichtet, das in dem Stiftungsgeschäft zugesicherte Vermögen auf die Stiftung zu übertragen

---

[1] § 7 des Hamburgischen Ausführungsgesetzes bestimmt:

„Bei der Genehmigung einer Stiftung kann der Senat die Bestimmungen des Stiftungsgeschäfts über die Verfassung der Stiftung abändern und ergänzen. Ist der Stifter am Leben, so bedarf es seiner Zustimmung.

Ist der Stifter verstorben, so bedarf es der Zustimmung seiner Erben nicht; jedoch sollen sie gehört werden. Soweit der Stifter hiervon abweichende Bestimmungen getroffen hat, sind diese maßgebend."

Das Gesetz stellt also die Vermutung auf, daß der Erblasser der Abänderung und Ergänzung der von ihm getroffenen Bestimmungen durch den Senat zugestimmt habe. Der Erblasser kann aber durch abweichende Bestimmungen diese Vermutung mit der Wirkung entkräften, daß die Zustimmung seiner Erben zu der Abänderung erforderlich ist.

(§ 82). Doch wird bei Rechten, zu deren Übertragung der Abtretungsvertrag genügt (Forderungen und andere Rechte, §§ 398, 413, Bestellung eines Pfandrechts an Rechten, sofern nicht Übergabe erforderlich § 1274, Bestellung des Nießbrauches an einem Rechte § 1069) die Zuwendungserklärung, im Zweifel schon die Abtretungserklärung enthalten.

Ist der Stifter vor Erteilung der Genehmigung verstorben, so gilt die durch das Stiftungsgeschäft für die Stiftung begründete Forderung als mit dem Tode des Stifters unbedingt entstanden, die durch das Stiftungsgeschäft zugesicherten Rechte, zu deren Übertragung der Abtretungsvertrag genügt, sind als vom Todestage an auf die Stiftung übergegangen anzusehen. Die Auslegung des § 84 bei Riedel, Das B.G.B. in Vergleichung mit dem preußischen Recht, Lieferung 3 S. 212, wonach in diesem Fall ein unmittelbarer Vermögensübergang wie bei Errichtung der Stiftung von Todeswegen eintrete, geht zu weit.

Bei Stiftung durch Erbeinsetzung geht das Vermögen von selbst auf die Stiftung so über, als wenn die Stiftung zur Zeit des Erbfalls bereits bestanden hätte; bei Stiftung durch Vermächtnis gilt die Forderung an den Beschwerten auf Erfüllung des Vermächtnisses (§ 2176) als mit dem Erbfall entstanden. — Es ist also die vom preußischen Recht stets für zulässig erklärte Erbfähigkeit einer durch letztwillige Verfügung „errichteten" Stiftung nunmehr ausdrücklich anerkannt. Die noch nicht genehmigte Stiftung wird dem Embryo gleich behandelt (§ 1923 Abs. 2), sie wird mit der Genehmigung nicht Nacherbe, sondern unmittelbar und vom Erbfall an Erbe. Die gleiche Rechtswirkung tritt auch dann ein, wenn bei Stiftung durch Rechtsgeschäft unter Lebenden der Stifter der von ihm errichteten Stiftung vor der Genehmigung durch Verfügung von Todeswegen eine Zuwendung macht, § 84, dagegen nicht, wenn ein Dritter der noch nicht genehmigten Stiftung eine Zuwendung macht (vgl. Nr. 7).

Ist die Stiftung zum Miterben eingesetzt, so ist bis zu der Entscheidung über die Genehmigung die Teilung des Nachlasses ausgeschlossen (§ 2043 Abs. 2). Im übrigen wird während des Schwebezustandes das Nachlaßgericht gemäß § 1960 Anordnungen, insbesondere durch Einleitung einer Nachlaßpflegschaft treffen können.

6. Verfassung der Stiftung.

Für die Verfassung der Stiftung sind zunächst die reichsgesetzlichen Vorschriften, sodann die des Landesrechts, in letzter Linie das Stiftungsgeschäft maßgebend. Es werden deshalb z. B. die Vorschriften des preußischen Rechts über die Umwandlung oder Aufhebung einer Familienstiftung durch Familienschluß (Ges. v. 15. Februar 1840), weil sie die Verfassung betreffen, als fortbestehend anzusehen sein. Das Preußische Ausführungsgesetz zum B.G.B. hat daher die Vorschriften dieses Gesetzes durch neue Vorschriften ersetzt.

Absolute reichsgesetzliche Vorschriften sind folgende:

a) Die Stiftung muß einen Namen und einen Sitz haben; als Sitz gilt im Zweifel der Ort der Verwaltung (§ 80).

b) Die Stiftung muß einen Vorstand haben, welcher die Stiftung gerichtlich und außergerichtlich vertritt und die Stellung eines gesetzlichen Vertreters hat. Seine Vertretungsmacht kann mit Wirkung gegen Dritte nur durch die „Satzung", das ist hier das Stiftungsgeschäft in Verbindung mit der Urkunde über die Genehmigung, beschränkt sein (§ 26). Da aber die Verfassung der Stiftung landesgesetzlich geregelt werden kann, so kann eine zwingende landesgesetzliche Vorschrift die Vertretungsmacht einschränken.

Von einschränkenden Vorschriften der „Satzung" oder des Landesrechts abgesehen, bestimmt sich die Vertretungsmacht nach den Vorschriften der §§ 164—181 B.G.B. — soweit diese sich nicht auf eine durch Rechtsgeschäft erteilte Vertretungsmacht beziehen, wie z. B. § 166 Abs. 2. — § 168 Abs. 2 und 176 Abs. 3 kommen wegen der entgegenstehenden Vorschriften in § 27 Abs. 2 nicht zur Anwendung. Auch Vorschriften anderer Gesetze außer dem B.G.B., insbesondere der C.P.O., über die Stellung eines gesetzlichen Vertreters finden auf den Vorstand Anwendung. Die für andere gesetzliche Vertreter: Vormund (§ 1793), Pfleger (§ 1915), Inhaber der elterlichen Gewalt (§ 1630) gegebenen Sondervorschriften finden auf den Vorstand keine Anwendung. Selbstverständlich ist, daß die Stiftung zu dem Stiftungszweck verwaltet werden muß. Rechtsgeschäfte des Vorstandes sind nur, wenn sie in den Grenzen der Verwaltung, also auch des Stiftungszwecks abgeschlossen sind, Geschäfte der Stiftung.

Über die Art der Bestellung des Vorstandes wird der Regel nach in dem Stiftungsgeschäft Bestimmung getroffen sein, doch gehen zwingende landesgesetzliche Vorschriften der Bestimmung in dem Stiftungsgeschäft vor, so die des badischen Gesetzes, die Rechtsverhältnisse und die Verwaltung der Stiftungen betreffend, vom 5. Mai 1870, welches nur das örtliche Stiftungsvermögen der kommunalen, die Distrikts- und Landesstiftungen der staatlichen Verwaltung unterstellt, den Stiftern nur hinsichtlich der Ortsstiftungen eine Einwirkung auf die Berufung eines anderen gesetzlich vorgesehenen Organes statt der regelmäßigen, sowie in genau bestimmter Weise auf die Zusammensetzung der (regelmäßigen oder besonderen) Stiftungsorgane zuweist. Andrerseits finden vielfach in Ermangelung von Vorschriften des Stiftungsgeschäfts landesgesetzliche Vorschriften Anwendung, so nach preußischem Recht § 36 II 19 A.L.R., wodurch mangels stiftungsmäßiger Anordnung die Bestellung der Verwaltung und Anordnung der inneren Einrichtung dem Staat zusteht, in Verbindung mit § 19g der Reg.=Instr. v. 23./10. 1817, nach welcher der Regierung die Verwaltung des Stiftungsvermögens zusteht, sofern sie nicht verfassungsmäßig anderen — Behörden oder Privaten — gebührt.

Nach bayerischem Recht unterstehen, mangels stiftungsmäßiger Anordnung einer besonderen Verwaltung, die allgemeinen Stiftungen staatlicher Verwaltung, die örtlichen und besonderen Personenkreisen bestimmten Stiftungen, soweit sie Kultusstiftungen sind, der Kirchenverwaltung, sonst der Verwaltung der Gemeindeorgane (Verordnung v. 7. März 1817). Desgleichen sind in Württemberg Bestimmungen über die Verwaltung gegeben, welche Anwendung finden, wenn anderweite stiftungsmäßige Anordnungen nicht vorhanden oder doch unausführbar sind. Verwaltungsedikt v. 1./3.

1822 § 120, Gem.Ges. v. 14./7. 1887 Art. 21 und 53, Ges. v. 21./5. 1891 Art. 43.

c) Ist eine Willenserklärung der Stiftung gegenüber abzugeben, so genügt Abgabe gegenüber einem Mitgliede des Vorstandes; wird jedoch die Verwaltung durch eine öffentliche Behörde geführt, so gelten die landesgesetzlichen Vorschriften über Willenserklärungen gegenüber einer Behörde, vgl. z. B. Art. 16 des Hessischen Ausführungsgesetzes. Soweit die erforderlichen Mitglieder des Vorstandes fehlen, sind sie in dringenden Fällen für die Zeit bis zur Hebung des Mangels auf Antrag eines Beteiligten von dem Amtsgericht zu bestellen, in dessen Bezirk die Stiftung ihren Sitz hat (§ 29, nicht anwendbar, wenn eine öffentliche Behörde die Verwaltung führt).

d) Bezüglich der Haftung der Stiftung für Schaden und der Verpflichtung zur Konkurseröffnung gelten die bereits erwähnten Vorschriften der §§ 31, 42.

Ferner gelten die nachfolgenden Vorschriften, sofern nicht die Verfassung oder das Landesgesetz ein anderes bestimmt oder die Verwaltung durch eine öffentliche Behörde geführt wird:

Auf die Geschäftsführung des Vorstandes finden die für den Auftrag geltenden Vorschriften (§§ 664—670) entsprechende Anwendung. Besteht der Vorstand aus mehreren Personen, so entscheidet bei der Beschlußfassung die Mehrheit der erschienenen Mitglieder; der Gegenstand der Beschlußfassung muß bei der Berufung bezeichnet sein. Auch ohne Versammlung ist ein Beschluß gültig, zu dem alle Vorstandsmitglieder schriftlich ihre Zustimmung erklären. Ein Vorstandsmitglied ist nicht stimmberechtigt, wenn die Beschlußfassung die Vornahme eines Rechtsgeschäfts mit ihm oder die Einleitung oder Erledigung eines Rechtsstreites zwischen ihm und der Stiftung betrifft.

Es können durch die Verfassung für gewisse Zwecke besondere Vertreter bestellt werden, deren Vertretungsmacht sich dann im Zweifel auf alle Rechtsgeschäfte erstreckt, die der ihnen zugewiesene Geschäftskreis gewöhnlich mit sich bringt.

Ob Änderungen der Verfassung einer Stiftung, vom Fall der zwangsweisen Umwandlung aus Gründen des öffentlichen Interesses abgesehen (§ 87 B.G.B., unten Nr. 9), zulässig sind, richtet sich, da das B.G.B. schweigt, nach dem Landesrecht. Das Preuß. Ausf.-Gesetz läßt in Art. 4 die Änderung der Verfassung durch Beschluß des Vorstandes mit staatlicher Genehmigung zu.

Durch diese Bestimmung wird die Handlungsfähigkeit der Stiftungen wesentlich erweitert. Nach bisherigem Recht wurde wohl allgemein angenommen, daß der Wille der verwaltenden Personen sich notwendig in den Grenzen des Stiftungszwecks halten müsse, daß bei den Stiftungen das bei Körperschaften vorhandene selbständige Willensorgan fehle, welches in der Lage sei, auch von dem gesetzten Zweck abzusehen oder darüber hinauszugehen, „die Satzungen" zu ändern. Da diese Bestimmung für alle rechtsfähigen Stiftungen, außer Familienstiftungen, gegeben ist, so muß sie auch auf Stiftungen des öffentlichen Rechts Anwendung finden. Die gegenteilige

A. Stiftungen.

Erklärung des Justizministers auf eine Anfrage des Oberbürgermeisters Bender im Herrenhause (21. Sitzung vom 26./8. 1899) bezieht sich nur auf fiduziarische Stiftungen (Kapitalien, die einer Gemeinde mit der Verpflichtung, sie zu einem bestimmten Zwecke zu verwenden, zugewandt sind). Welches Organ der Stiftung als der zur Änderung der Verfassung zuständige „Vorstand" anzusehen ist, z. B. bei Stiftungen, die von Behörden öffentlich-rechtlicher Korporationen vertreten werden, wird nach der Verfassung der Stiftung zu entscheiden sein. Das Wort „Vorstand" darf nicht eng, etwa dahin ausgelegt werden, daß damit das in der Verfassung als Vorstand bezeichnete Organ, dem vielleicht nur ein beschränkter Geschäftskreis zugewiesen ist, gemeint sei. Bei dem von einer städtischen Behörde verwalteten, eine selbständige Stiftung bildenden Armen-, Kranken-, Siechenhaus, wird nicht der vom Magistrat mit der Geschäftsführung betraute „Vorstand", sondern der Magistrat das zur Änderung der Verfassung zuständige Organ sein. Ob derselbe der Mitwirkung der Stadtverordneten bedarf, wird je nach der Verfassung der Stiftung zu entscheiden sein.

7. Vermögenserwerb der Stiftung.

Die Stiftung besitzt im Vermögensrecht die gleiche Rechtsfähigkeit wie die natürliche Person. Die aus dem römischen Recht stammende Zurücksetzung der juristischen Personen auf dem Gebiet des Erbrechts ist fortgefallen. Auch die noch nicht genehmigte Stiftung kann letztwillig für den Fall bedacht werden, daß sie zur Existenz kommt. Die von einem andern als dem Stifter zum Erben eingesetzte Stiftung wird mit der Genehmigung Nacherbe (§ 2101, vergl. dagegen § 84 „für die Zuwendung des Stifters" ist sie Erbe, oben Nr. 5), Vermächtnis an die Stiftung gilt als unter der aufschiebenden Bedingung der Genehmigung angeordnet (§ 2176 ff.).

Die Privilegien der Stiftungen auf dem Gebiet des Vermögensrechts sind aufgehoben. Doch sind durch § 15 Abs. 1 Nr. 3 des Einführungsgesetzes zum Gesetz betr. Änderungen der C.P.O. vom 17. Mai 1898, die landesgesetzlichen Vorschriften über die Zwangsvollstreckung gegen eine Stiftung oder Anstalt des öffentlichen Rechts oder eine unter Verwaltung einer öffentlichen Behörde stehende Stiftung, soweit nicht dingliche Rechte verfolgt werden, aufrecht erhalten. Dahin gehört im Gebiet des preußischen Rechts Anhang § 153 zu § 45 I 24 A.G.O., vergl. auch Allg. Verf. des Justiz-Ministers vom 24. März 1882 (J.M.Bl. S. 59), wonach Zwangsvollstreckungen gegen solche Stiftungen nicht vorgenommen werden dürfen. Auch kommen für Stiftungen öffentlichen Rechts und solche unter Verwaltung einer öffentlichen Behörde die nach Art. 92 E.G. zum B.G.B. aufrecht erhaltenen, landesrechtlichen Vorschriften in Frage, nach welchen Zahlungen aus öffentlichen Kassen an der Kasse in Empfang zu nehmen sind (Pr. Ausführungsgesetz Art. 11).

Bezüglich des Vermögenserwerbs der Stiftung kommt besonders die Schenkung in Frage. Es ist hervorzuheben, daß das Schenkungsversprechen gerichtlicher oder notarieller Beurkundung bedarf; der Mangel der Form wird durch die Bewirkung der versprochenen Leistung geheilt. Die durch Veräußerung vollzogene Schenkung bedarf keiner Form.

Bezüglich des Erwerbes der Stiftung durch letztwillige Anordnung ist von Wichtigkeit, daß der Erbvertrag allgemein für zulässig erklärt ist (§§ 2274, 2276). Es ist diese Bestimmung für Verpflegungsanstalten, die sich ein Erbrecht in den Nachlaß der Pfleglinge sichern wollen, von Bedeutung.

In Art. 139 E.G. sind die landesgesetzlichen Bestimmungen aufrecht erhalten, nach welchen dem Fiskus oder einer anderen juristischen Person in Ansehung des Nachlasses einer verpflegten oder unterstützten Person ein Erbrecht, ein Pflichtteilsanspruch oder ein Recht auf bestimmte Sachen zusteht. Für Preuß. Recht sind sonach die Vorschriften der §§ 50 ff. II, 19 A.L.R. über das Erbrecht der Anstalten und milden Stiftungen aufrecht erhalten, ebenso des § 22 II, 16, sowie das besondere Erbrecht der Berliner Armendirektion auf Grund des Hofreskripts vom 2. Juli 1801 (vergl. Collatz. Deutsche Gemeinde-Zeitung 1898 Nr. 52).

Das sächsische Ausführungsgesetz hat in den §§ 42—45 dieses Erbrecht des Fiskus und anderer juristischen Personen neu geregelt, desgleichen das hessische in Art. 127, 128.

§ 2072 B.G.B. bestimmt:

"Hat der Erblasser die Armen ohne nähere Bestimmung bedacht, so ist im Zweifel anzunehmen, daß die öffentliche Armenkasse der Gemeinde, in deren Bezirk er seinen letzten Wohnsitz gehabt hat, unter der Auflage bedacht ist, das Zugewendete unter Arme zu verteilen."

Nach Art. 86 E.G. bleiben die landesgesetzlichen Vorschriften, welche den Erwerb von Rechten durch juristische Personen beschränken oder von staatlicher Genehmigung abhängig machen, unberührt, soweit diese Vorschriften Gegenstände im Werte von mehr als 5000 Mark betreffen.

Bei Erwerb von Todeswegen gilt die Genehmigung als vor dem Erbfall erteilt, bei Versagung der Genehmigung gilt die juristische Person in Ansehung des Anfalls als nicht vorhanden. Bis zur Hebung der Unbestimmtheit ist Auseinandersetzung unter den Miterben ausgeschlossen (§ 2043).

Durch diese Bestimmung sind die Vorschriften der sog. Amortisationsgesetze, insbesondere des Preuß. Gesetzes vom 23. Februar 1870 aufrecht erhalten, nur mit der Maßgabe, daß bei Wertgegenständen bis 5000 Mark das Erfordernis der Genehmigung fortfällt. Die Vorschriften des preuß. Gesetzes werden ersetzt durch die Bestimmungen in Art. 6 des Preuß. Ausführungsgesetzes zum B.G.B. (nicht anwendbar auf Familienstiftungen, § 4 das.):

§ 1. Schenkungen oder Zuwendungen von Todeswegen an juristische Personen bedürfen zu ihrer Wirksamkeit ihrem vollen Betrage nach der Genehmigung des Königs oder der durch Königl. Verordnung bestimmten Behörde, wenn sie Gegenstände im Werte von mehr als 5000 Mark betreffen. Wiederkehrende Leistungen werden mit vier von Hundert zu Kapital gerechnet.

§ 2. Die Genehmigung kann auf einen Teil der Schenkung oder der Zuwendung von Todeswegen beschränkt werden.

A. Stiftungen.

§ 3 enthält die Strafbestimmung (Geldstrafe bis zu 900 Mark) für die Vorsteher, die nicht innerhalb vier Wochen nach Empfang der Schenkung oder Zuwendung von Todeswegen die erforderliche Genehmigung nachsuchen, und diejenigen, welche einer juristischen Person, die in Preußen ihren Sitz nicht hat, eine Schenkung oder letztwillige Zuwendung verabfolgen, bevor die erforderliche Genehmigung erteilt ist.

Durch diese Fassung ist der nach dem B.G.B. mögliche Zweifel, ob, wenn einer schon bestehenden Stiftung Gegenstände im Werte bis 5000 Mark zu anderen als ihr bisher erlaubten Zwecken zugewendet werden, Genehmigung um deswillen erforderlich sei, weil solche Verwendung zu einem neuen Zwecke eine Verfassungsänderung darstellt, die der Errichtung einer neuen Stiftung gleichkommt, im verneinenden Sinne entschieden.

Auch die landesrechtlichen Beschränkungen der Stiftungen bezüglich des Erwerbes von Grundeigentum werden insofern aufrecht erhalten, als der Wert des Grundstücks mehr als 5000 Mark beträgt, während nach Art. 88 des E.G. zum B.G.B. für ausländische Stiftungen die Beschränkungen auch fernerhin ohne Rücksicht auf den Wert in Kraft bleiben. Das Preuß. Ausführungsgesetz faßt die die juristischen Personen im Erwerb von Grundeigentum beschränkenden Vorschriften in Art. 7 zusammen.

§ 1. Juristische Personen, die in Preußen ihren Sitz haben, bedürfen zum Erwerbe von Grundstücken im Werte von mehr als 5000 Mark der Genehmigung der staatlichen Aufsichtsbehörde. Dies gilt nicht für Familienstiftungen, für juristische Personen, deren Rechtsfähigkeit auf einem neben dem bürgerlichen Gesetzbuch bestehenden Reichsgesetz beruht, sowie für solche juristische Personen des öffentlichen Rechts, welche nach besonderer gesetzlicher Vorschrift ohne die in Abs. 1 bezeichnete Genehmigung Grundeigentum erwerben können. Sparkassen, die durch staatliche Verleihung Rechtsfähigkeit erlangt haben, können ein von ihnen beliehenes Grundstück im Zwangsversteigerungsverfahren ohne die Genehmigung erwerben.

§ 2. Juristische Personen, die in einem anderen Bundesstaat ihren Sitz haben, bedürfen zum Erwerbe von Grundstücken im Werte von mehr als 5000 Mark der Genehmigung des Königs oder der durch königliche Verordnung bestimmten Behörde.

Der gleichen Genehmigung bedürfen ausländische juristische Personen zum Erwerbe von Grundstücken ohne Rücksicht auf den Wert.

§ 3. Die in den §§ 1 und 2 vorgeschriebene Genehmigung ist nicht erforderlich zu einem Erwerbe, der auf Grund einer nach Maßgabe des Art. 6 genehmigten Schenkung oder Zuwendung von Todeswegen erfolgt.

Bezüglich der Beschränkung der Stiftungen in der Veräußerung und Belastung von Grundeigentum und der Anlage von Kapitalien vergl. Nr. 11 (Aufsicht über Stiftungen).

Das Bayerische Ausführungsgesetz hat in Art. 7 und 8 nur „geistliche Gesellschaften", und auch diese nur bei Gegenständen im Wert von mehr als 10 000 Mark, den Beschränkungen im Erwerb durch Schenkungen und letztwillige Zuwendungen sowie im Erwerb von Grundeigentum unterworfen.

Die Vorschriften finden auf ausländische juristische Personen, die religiöse oder wohlthätige Zwecke oder Zwecke des Unterrichts oder der Erziehung verfolgen, schon bei einem den Betrag von 5000 Mark übersteigenden Wert sowie bei Erwerb des Eigentums an einem Grundstück ohne Rücksicht auf den Wert Anwendung.

Das Badische Ausführungsgesetz hat in Art. 8 den § 1 Abs. 2 des Ges. vom 5. Mai 1870 dahin abgeändert:

Der staatlichen Genehmigung bedürfen ferner und sind in ihrer rechtlichen Wirksamkeit durch sie bedingt alle Schenkungen und letztwilligen Verfügungen im Werte von mehr als 5000 Mark zu Gunsten schon bestehender Stiftungen oder anderer juristischer Personen.

8. Verhältnis zu den Stiftungsberechtigten.

Nach innen, zu den Stiftungsberechtigten, besteht in der Regel keine Rechtsbeziehung. Möglich ist eine solche, wenn die Berechtigten nach der Stiftungsurkunde direkten Anspruch auf den Stiftungsgenuß gegen die Stiftung haben. Von diesem Fall abgesehen können vermeintliche Ansprüche auf den Stiftungsgenuß nur im Wege der Beschwerde bei der Aufsichtsbehörde verfolgt werden, soweit nicht in einzelnen Staaten der Verwaltungsrechtsweg eröffnet ist (z. B. in Baden, Stiftungsgesetz vom 5. Mai 1870, § 11 Z. 4. Württemberg, Ges. v. 16. Dezember 1876, Art. 1 Z. 12).

9. Erlöschen der Stiftung.

Die Stiftung wird aufgehoben durch Eröffnung des Konkurses. Nach § 213 der Konkursordnung vom 17./20. Mai 1898 finden auf das Konkursverfahren über das Vermögen einer juristischen Person die Vorschriften über den Konkurs einer Aktiengesellschaft (§§ 207, 208 das.) Anwendung. Der Vorstand hat die Eröffnung des Konkurses im Fall der Überschuldung zu beantragen (§ 42 Abs. 2 B.G.B.).

Nach Art. IV des Einführungsgesetzes zu dem Gesetz betr. Änderungen der Konkursordnung vom 17. Mai 1898 bleiben die landesgesetzlichen Vorschriften unberührt, welche die Zulässigkeit des Konkursverfahrens über das Vermögen der Stiftungen und Anstalten des öffentlichen Rechts und der unter der Verwaltung einer öffentlichen Behörde stehenden Stiftungen (§ 15 Nr. 3 des E.G. zur C.P.O.) beschränken oder ausschließen.

Vom Fall des Konkurses abgesehen, kommen Bestimmungen der Verfassung über die Beendigung der Stiftung zur Anwendung, sonach, von Bestimmungen des Stifters abgesehen, zunächst landesgesetzliche Vorschriften, aber nur solche, welche die Beendigung der Stiftung durch Willenserklärung der zur Vertretung der Stiftung berechtigten Organe, ev. unter Erfordern einer staatlichen Genehmigung, zulassen. Denn für die Aufhebung der Stiftung durch den Willen der Staatsgewalt kommen lediglich die unten folgenden reichsgesetzlichen Vorschriften in Anwendung, für landesgesetzliche Vorschriften ist daneben kein Raum.

Das Preuß. Ausführungsgesetz bestimmt in Art. 4, daß die Aufhebung einer rechtsfähigen Stiftung (außer der Familienstiftung, für welche besondere

Bestimmungen gelten) durch Beschluß des Vorstandes mit staatlicher Genehmigung erfolgen kann.

Nach § 87 B.G.B. kann die Stiftung seitens der zuständigen Behörde aufgehoben werden, wenn die Erfüllung des Stiftungszweckes unmöglich geworden ist oder das Gemeinwohl gefährdet. Diese Behörde kann auch statt der Aufhebung der Stiftung eine andere Zweckbestimmung geben und insoweit die Verfassung der Stiftung ändern. Es soll dabei die Absicht des Stifters, insbesondere die Zuwendung der Erträge an den Personenkreis, dem sie zu statten kommen sollten, thunlichst beibehalten werden. Der Vorstand ist vorher zu hören.

Diese Vorschrift des § 87 ist an Stelle der Bestimmungen in § 85 des Entwurfs zum Einführungsgesetz getreten, nach welchen die landesrechtlichen Bestimmungen über das Erlöschen und die Umwandlung der Stiftungen unberührt bleiben sollten.

Die Vorschrift ist viel zu eng und wird, wenn nicht eine ausdehnende Auslegung Platz greift, nicht genügen, Stiftungen zu beseitigen, die zur Plage geworden sind und ihren Zweck verfehlen.

Welche Behörde zur Aufhebung zuständig ist, bestimmt sich nach Landesrecht. Soweit danach die Zustimmung der Landesvertretung (der Stände) erforderlich ist, wie nach der sächsischen Verfassungsurkunde § 60, der bayerischen (§ 10 Teil IV), der oldenburgischen, braunschweigischen und anderer bezüglich der Abänderung oder Aufhebung allgemeiner, in ihrer Zweckbestimmung nicht lokal beschränkter Stiftungen bestimmt ist, behält es dabei sein Bewenden. Dagegen kommt das Erfordernis der Zustimmung der Beteiligten, wie es die sächsische und bayerische V.U. vorschreiben, nach § 87 B.G.B. in Fortfall.

Wie oben ausgeführt, werden durch diese reichsgesetzliche Vorschrift diejenigen landesgesetzlichen Vorschriften nicht berührt, welche, wie das Preuß. Ausführungsgesetz, eine Änderung der Verfassung oder Aufhebung der Stiftung durch den Willen der verfassungsmäßigen Organe (des Vorstandes) ev. mit staatlicher Genehmigung zulassen (s. Nr. 6 am Ende).

10. Rechtsfolgen des Erlöschens.

Im Fall des Erlöschens der Stiftung fällt das Vermögen an die in der Verfassung bestimmten Personen. Zunächst entscheidet also nach § 85, da eine reichsgesetzliche Vorschrift fehlt, das Landesrecht, soweit es zwingende Vorschriften enthält. Fehlen solche, so entscheidet über den Anfall das Stiftungsgeschäft. Ist auch aus diesem eine Bestimmung nicht zu entnehmen, so entscheidet das Landesrecht. Nach Art. 5 § 2 des Preuß. Ausführungsgesetzes fällt das Vermögen einer rechtsfähigen Stiftung mit dem Erlöschen, sofern nicht durch die Verfassung der Stiftung ein anderer Anfallberechtigter bestimmt ist, wenn sie von einer Gemeinde oder einer sonstigen Körperschaft des öffentlichen Rechts errichtet oder verwaltet war, an diese Körperschaft, in allen übrigen Fällen an den Fiskus. Das Vermögen ist thunlichst in einer dem Zwecke der Stiftung entsprechenden Weise zu verwenden. Fällt es an den Fiskus, so findet nach §§ 88, 46 B.G.B. Gesamtnachfolge statt, als ob dem Fiskus als gesetzlichem Erben eine Erbschaft zugefallen wäre. Er muß das Vermögen thunlichst in einer den Zwecken der Stiftung entsprechenden Weise verwenden. Fällt es an andere Personen, so ist ein Liquidationsverfahren nötig, welches der Vorstand nach den Bestimmungen der §§ 48—53 durchzuführen hat.

11. Aufsicht über Stiftungen.

Der dem Art. 80 des Bundesratsentwurfs zum Einführungsgesetz entsprechende Art. 49 Abs. 1 des Entwurfs erster Lesung bestimmte:

Unberührt bleiben die Vorschriften der Landesgesetze über die Verwaltung und Beaufsichtigung der juristischen Personen.

Der Vorbehalt bezüglich der Verwaltung wurde in zweiter Lesung gestrichen. Art. 80 lautete in der Bundesratsvorlage:

Unberührt bleiben die Vorschriften der Landesgesetze über die Beaufsichtigung der juristischen Personen.

Auch diese Vorschrift ist in der Reichstagskommission gestrichen worden, aber mit dem ausdrücklichen Hinweis darauf, daß sich der Inhalt derselben, als dem öffentlichen Recht angehörig, von selbst verstehe.

Bestimmungen der Landesgesetze also, welche die Stiftungen des privaten Rechts in der Verwaltung beschränken, sind nicht aufrechterhalten, wohl aber alle die, welche sich auf die Aufsicht beziehen. Wie weit nun aber auf Grund des landesrechtlichen Aufsichtsrechts in die Verwaltung der Stiftung eingegriffen werden kann, ist eine schwer zu beantwortende Frage.

Ein in der Reichstagskommission gestellter Antrag, die landesgesetzlichen Vorschriften nur soweit unberührt zu lassen, als es sich um die Einsichtnahme und Prüfung von Vermögensübersichten handelt, wurde abgelehnt. „Der gestellte Antrag würde es der Staatsverwaltung geradezu unmöglich machen, ihre Aufgabe den Stiftungen gegenüber zu erfüllen." Kommissionsbericht S. 27.

In der Begründung des Bundesratsentwurfs (Protokolle II. Lesung S. 8840, 8841) wird ausgeführt:

Für landesgesetzliche Vorschriften über die Verwaltung privatrechtlicher juristischer Personen sei nur insoweit Spielraum, als auch die Verfassung der landesgesetzlichen Regelung unterstehe.

Andererseits führt die Begründung des Entwurfs I. Lesung aus:

„Die Aufrechterhaltung des landesrechtlichen Aufsichtsrechts in Verbindung mit der Vorschrift, daß die Vertretungsmacht des Vorstandes beschränkt werden kann (§ 44 Abs. 1 des Entwurfes, jetzt § 26 Abs. 2), hat zur Folge, daß auch die landesgesetzlichen Vorschriften unberührt bleiben, welche in Ansehung gewisser juristischer Personen (Gemeinden u. s. w.) die Veräußerung, Belastung, Verpachtung von Grundstücken, die Aufnahme von Darlehn, die Annahme oder Ausschlagung von Erbschaften sowie andere wichtige Akte im öffentlichen Interesse untersagen, erschweren, insbesondere von staatlicher Genehmigung abhängig machen. Eines besonderen Vorbehalts bedarf es daneben nicht."

Man wird sonach annehmen müssen, daß die landesgesetzlichen Vorschriften, welche die Vertretungsmacht der Vorstände in Hinsicht der gedachten rechtsgeschäftlichen Handlungen derart beschränken, daß mangels Genehmigung der Aufsichtsbehörde die juristische Person nicht verpflichtet ist, in Kraft geblieben sind.

Davon geht auch die Begründung des preußischen Ausführungsgesetzes zu Art. 7 aus:

„Der Art. 7 § 1 läßt selbstverständlich auch die Bestimmungen unberührt, nach welchen juristische Personen zur Veräußerung oder Belastung von Grundeigentum staatlicher Genehmigung bedürfen."

Es sind sonach ohne Rücksicht auf die Wertshöhe die Vorschriften aufrecht erhalten, nach welchen Stiftungen zur Veräußerung und Belastung von Grundstücken, Ausleihen von Kapitalien u. s. w. staatlicher Genehmigung bedürfen.

Für Preußen bleiben daher die Vorschriften in Kraft, nach denen Anstalten und milde Stiftungen, auch wenn sie unter Verwaltung oder Aufsicht einer Stadtgemeinde stehen — Reskr. v. 16./4. 1831; v. Kamptz, Annalen Bd. 15 S. 345, Reskr. v. 30./12. 1844; B. M. Bl. 45 S. 5 — zur Veräußerung von ganzen Landgütern und Häusern der Genehmigung des Ministers der geistlichen Angelegenheiten, zur Veräußerung einzelner Grundstücke und Gerechtigkeiten sowie zur Verpfändung von Grundstücken der Genehmigung der Regierung, — soweit es sich nicht um Kirchen- oder Schulstiftungen handelt, des Regierungspräsidenten, bedürfen (A.L.R. II. 19. § 43, II. 11. § 219—223, 227, 645; Reskr. v. 15./3. 1832; v. Kamptz, Annalen Bd. 16 S. 100; Verf. v. 13./5. und 2./6. 1875; J.M.Bl. S. 131). Die ohne die erforderliche Genehmigung geschehene Veräußerung oder Verpfändung ist nichtig (vergl. Johow und Künzel 1 S. 70).

Für andere Stiftungen gelten die Vorschriften der §§ 83, 85, II. 6 A.L.R., wonach zur Veräußerung oder Verpfändung von unbeweglichen Sachen und Aufnahme von Schulden, für welche die Substanz oder die Nutzung des unbeweglichen Vermögens auf länger als ein Jahr haften soll, Einwilligung der vorgesetzten Behörde erforderlich ist. Aufsichtsbehörde ist der Regierungspräsident.

Auch die landesgesetzlichen Vorschriften, wonach für die Verwaltungsführung die für Vormünder gegebenen Vorschriften maßgebend sind (z. B. preuß. A.L.R. II. 19 § 83), werden, weil aus dem Aufsichtsrecht fließend, als fortbestehend zu erachten sein.

Für Bayern bleiben die Vorschriften, wonach die einer besonderen Verwaltung unterstehenden Stiftungen staatlicher Kuratel unterliegen, die sich nicht nur auf die Kontrolle der Gesetzmäßigkeit, sondern auch der materiellen Zweckmäßigkeit der Verwaltungsakte bezieht, die in kommunaler Verwaltung stehenden Stiftungen staatlicher Aufsicht nach Maßgabe der Grundsätze über die Beaufsichtigung des Gemeindevermögens unterstehen. Ebenso bleiben die Vorschriften anderer Landesgesetze, die sich auf die Beaufsichtigung der Verwaltungsführung beziehen, in Kraft.

Zweifel können entstehen, ob z. B. die Vorschrift des badischen Rechts, wonach für den Beschluß der örtlichen Stiftungsbehörde über Erwerbung

unbeweglicher Güter, wenn die Mittel dazu nicht den ordentlichen Stiftungs=
einkünften entnommen werden können (Stiftungsgesetz vom 5. Mai 1871
§ 30 Z. 2), Genehmigung erforderlich ist, durch Art. 86 E.G. rücksichtlich
der Werthöhe (über 5000 Mark) beschränkt wird. Man könnte sagen, die
Bestimmung bezieht sich auf die Art der Verwendung der Mittel, doch wird
das Motiv der Vorschrift gegenüber der positiven Vorschrift des Einfüh=
rungsgesetzes nicht in Betracht kommen.

12. Fiduziarische Stiftungen.

Als fiduziarische Stiftungen bezeichnet man die Fälle der Zuwendung
von Vermögen, in welchen nicht eine besondere juristische Person errichtet,
sondern einer bereits bestehenden juristischen Person Vermögen behufs Ver=
wendung zu einem bestimmten Zwecke, mit einer stiftungsmäßigen Auflage,
übertragen wird. Der Unterschied von der Zuwendung durch Auflage zu
Gunsten eines Dritten oder durch Vertrag zu Gunsten Dritter liegt darin,
daß die vorgesehene Leistung auf die Dauer, und zwar mindestens über
die Zeit eines Menschenlebens hinaus berechnet ist, daß sie die dauernde
Realisierung des individuellen Willens zum Zweck hat, vgl. Kohler im
Archiv f. bürgerl. Recht Bd. 3 S. 268—288, 291, 292. Man vergleiche
folgende Verfügungen:

1. Ich vermache der X=Stiftung zur Förderung ihrer Zwecke 10 000
Mark.

2. Ich schenke der Krankenanstalt 10 000 Mark zur Stiftung eines
Freibetts.

3. Ich vermache der Stadtgemeinde 10 000 Mark. Dieses Kapital
soll (unter dem Namen X=Stiftung) besonders verwaltet und die Zinsen zur
besseren Erziehung und Ausbildung von Kindern verwendet werden.

Im ersten Fall hat die Zuwendung, nachdem sie an die X'sche
Stiftung gelangt ist, gar keine Selbständigkeit, sie ist in den Kassenbüchern
der Stiftung als einmalige Einnahme verzeichnet, das Geld ist mit den
sonstigen Mitteln vermischt. Im letzten Falle muß die Zuwendung dauernd
als besonderer Fonds, wie eine selbständige Stiftung verwaltet werden (Stif=
tungssondervermögen). Der zweite Fall hält die Mitte, doch wird auch
hier das Zugewendete, mit Rücksicht auf die Zweckbestimmung, eine dauernde
selbständige Existenz haben müssen.

Soweit es sich um die Zuwendung selbst handelt, kommen ledig=
lich die allgemeinen Grundsätze über den Erwerb juristischer Personen (Nr. 7)
zur Anwendung.

Zweifelhaft ist, ob, soweit es sich um die Ausführung der Zweckbestim=
mung handelt, die Vorschriften über die Auflage (§§ 525—527, 1940,
2187, 2192 ff. B.G.B.) Anwendung zu finden haben.

Der Begriff der „Auflage" bei der Schenkung ist nicht im Gesetz be=
stimmt; er wird als in der Wissenschaft feststehend vorausgesetzt. Bezüglich
der letztwilligen „Auflage" bestimmt § 1940:

A. Stiftungen.

Der Erblasser kann durch Testament den Erben oder einen Vermächtnisnehmer zu einer Leistung verpflichten, ohne einem andern ein Recht auf die Leistung zuzuwenden (Auflage).

Nach §§ 525 ff. kann der Schenker Vollziehung der Auflage verlangen, wenn er selbst geleistet hat. Der Dritte, zu dessen Gunsten die Auflage ist, kann auch selbst die Leistung fordern (§ 330 Satz 2). Besteht an der Vollziehung der Auflage ein öffentliches Interesse, so kann nach dem Tode des Schenkers auch die zuständige Behörde die Vollziehung der Auflage verlangen. Ein Recht zur Rückforderung des Betrages, der zur Erfüllung der Auflage hätte verwendet werden müssen, ist unter den für das Rücktrittsrecht bei gegenseitigen Verträgen bestimmten Voraussetzungen (§§ 325, 326) gegeben, wenn die Vollziehung der Auflage unterbleibt und nicht ein Dritter berechtigt ist, die Vollziehung zu verlangen.

Bezüglich der letztwilligen Auflage bestimmen §§ 2193 ff.

Die Vollziehung können der Erbe, der Miterbe und derjenige verlangen, welchem der Wegfall des mit der Auflage zunächst Beschwerten unmittelbar zu statten kommen würde. Liegt die Vollziehung im öffentlichen Interesse, so kann auch die zuständige Behörde die Vollziehung verlangen (§ 2194).

Die Bestimmung der Person, an welche die Leistung erfolgen soll, kann dem Beschwerten oder einem Dritten überlassen sein.

Ein Vermächtnisnehmer, der mit einer Auflage beschwert ist, kann die Erfüllung auch nach Annahme des Vermächtnisses insoweit verweigern, als dasjenige, was er aus dem Vermächtnis erhält, zur Erfüllung nicht ausreicht (§ 2187).

Bei allen diesen Bestimmungen, insbesondere auch bei der Regel in § 2196 über Herausgabe der Zuwendung an den, welchem der Wegfall des Beschwerten unmittelbar zu statten kommen würde, ist an eine in absehbarer Zeit zu erfüllende Leistung gedacht. Es ist zu bezweifeln, ob diese Bestimmungen auch nur analog bei fiduziarischen Stiftungen angewendet werden können.

Es sei hier nur auf eines hingewiesen. Die preußische Verwaltungspraxis macht auf Grund der Kabinettsordre vom 1. Februar 1834 die Genehmigung der Annahme letztwilliger Zuwendungen an juristische Personen von der Feststellung abhängig, daß nicht eine Verletzung einer Pflicht gegen hilfsbedürftige Angehörige des Erblassers vorliege und fordert von der juristischen Person vor Erteilung der Allerhöchsten Genehmigung die Übernahme der Verpflichtung, etwa als hilfsbedürftig anerkannten Verwandten des Erblassers, auch wenn sie gar nicht erbberechtigt sein würden, so daß ihnen „der Wegfall des mit der Auflage Beschwerten" nicht unmittelbar zu statten kommen würde, lebenslängliche Rente oder Kapitalabfindungen zu gewähren. Durch Übernahme solcher Verpflichtung wird die etwa der juristischen Person bei der Zuwendung gemachte Auflage beeinträchtigt. Würden die civilrechtlichen Vorschriften des § 2194 bei solchen fiduziarischen Stiftungen zur Anwendung kommen, so würde die juristische Person von den danach Berechtigten gezwungen werden können, die Auflage genau nach Vorschrift des Erblassers zu vollziehen, sie dürfte die von ihr vor der Er=

teilung der Genehmigung eingegangene Verpflichtung zur Fürsorge für Verwandte des Erblassers nicht aus der Zuwendung erfüllen, soweit dadurch die Vollziehung der Auflage beeinträchtigt würde.

Da in der preußischen Praxis letztwillige Zuwendungen fiduziarischer Stiftungen an Gemeinden vielfach vorkommen, bei denen die Zusicherung der Fürsorge für hilfsbedürftige Angehörige vor der Erteilung der Genehmigung gefordert wird, wird die Zweifelsfrage von erheblicher Bedeutung. Sollten die Gerichte die Anwendbarkeit der civilrechtlichen Bestimmungen annehmen, so würden die Gemeinden in die prekäre Lage kommen, die vor der Genehmigung ihnen aufgezwungenen Zuwendungen an Verwandte aus eigenen Mitteln, nicht aus dem ihnen vom Erblasser zugefallenen Nachlaß, leisten zu müssen, weil Erben oder Miterben oder einer, „dem der Wegfall der mit der Auflage beschwerten" Stadtgemeinde „zu statten kommen würde", Vollziehung der Auflage ungeschmälert durch die Zuwendungen an die Verwandten im Prozeßwege durchsetzt.

Ich bin jedoch der Ansicht, daß die civilrechtlichen Vorschriften über die Auflage nicht Anwendung finden können, wenn es sich um eine fiduziarische Stiftung im eingangs angegebenen Sinne handelt.

Planck führt in seinem Kommentar zu § 80 Vorbemerkung Nr. 4 aus:

„In manchen Fällen dieser Art wird eine solche Überweisung an eine bestehende juristische Person als Errichtung einer selbständigen Stiftung aufzufassen sein, die nur das Eigentümliche hat, daß ihre Verwaltung und Vertretung der bereits bestehenden juristischen Person übertragen wird. In anderen Fällen geht das überwiesene Vermögen in das Vermögen der juristischen Person, an welche die Überweisung erfolgt, über, und verläßt sich der Überweisende darauf, daß die Organisation dieser juristischen Person genügende Sicherheit für eine dem Zweck entsprechende Verwendung bietet."

In der That kann die Kontrolle der Ausführung des Stiftungswillens bei auf die Dauer — über ein Menschenleben hinaus — berechneten fiduziarischen Stiftungen nicht civilrechtlichen Grundsätzen den nächsten Erbberechtigten überlassen bleiben. Das Recht der entstandenen Stiftung gehört dem Gebiete des öffentlichen Rechts an, nur im Aufsichtswege kann die Kontrolle über die dauernde Erfüllung des Stiftungszwecks geübt werden. Es werden sonach nicht die privatrechtlichen Regeln der Auflage Anwendung finden können. Für Preußen wird die fortdauernde Geltung der §§ 73 ff., 193 ff., II. 6 A.L.R. anzunehmen sein.

B. Familienrecht.

1. Elterliche Gewalt.

Die Ordnung des Familienrechts im B.G.B. gewinnt für die Armenverbände von dem Gesichtspunkt aus Interesse, daß Vernachlässigung der aus dem Familienverhältnis erwachsenden Pflichten, insbesondere also Gefährdung vorhandenen Vermögens oder Versagung des Unterhalts sowie Vernachlässigung des geistigen und sittlichen Wohls der Kinder, Gefahren für das Gemeinwesen in sich birgt und die Notwendigkeit eines Einschreitens

B. Familienrecht.

der Armenpflege herbeiführen kann. Auf dem Gebiet des Familienrechts ist von wesentlicher Bedeutung die Vorschrift des B.G.B., welche die elter= liche Gewalt an die Stelle der väterlichen Gewalt setzt (§ 1626). Bei Lebzeiten des Vaters äußert sich die elterliche Gewalt für die Mutter in dem Recht und der Pflicht, neben dem Vater für die Person des Kindes zu sorgen; bei Meinungsverschiedenheit geht die Meinung des Vaters vor (§ 1634). Zur Vertretung des Kindes ist die Mutter nicht berechtigt. Nach dem Tode bez. Todeserklärung des Vaters kommt die elterliche Gewalt der Mutter voll zur Geltung. Es ist ihr — bis zur Wiederverheiratung § 1697 — ihrer natürlichen Pflicht entsprechend auch rechtlich eine der Stellung des Vaters grundsätzlich gleichkommende elterliche Stellung mit dem Recht der Erziehung und der Verwaltung und Nutznießung am Ver= mögen des Kindes, einschließlich der Vertretung des Kindes, eingeräumt. Der Einleitung der Vermundschaft bedarf es also für vaterlose Kinder, so= lange die Mutter lebt und sich nicht wieder verheiratet, nicht.

Nur ist die Möglichkeit gegeben, der Mutter einen Beistand zu bestellen (§§ 1687—1697).

Infolge dieser Vorschrift kommt in einer großen Zahl von Fällen die Notwendigkeit der Bestellung eines Vormundes und der Einwirkung des Vormundschaftsgerichts in Fortfall.

Bei Lebzeiten des Vaters tritt die elterliche Gewalt der Mutter an die Stelle der des Vaters nur:

1. Wenn der Vater die elterliche Gewalt infolge Bestrafung wegen eines an dem Kinde verübten Verbrechens oder vorsätzlich verübten Ver= gehens zu Zuchthausstrafe oder zu einer Gefängnisstrafe von mindestens sechs Monaten (§ 1680) verwirkt hat und die Ehe aufgelöst ist (§ 1684 Nr. 2).

2. Wenn bei nichtiger Ehe die Nichtigkeit nur dem Vater bekannt war (§ 1701).

Sie übt ferner die elterliche Gewalt ohne die Nutznießung:

1. Während bestehender Ehe — also nicht im Falle der Scheidung — wenn der Vater — durch Krankheit, vorübergehende Abwesenheit — an der Ausübung der elterlichen Gewalt thatsächlich behindert ist oder seine elterliche Gewalt — wegen Geschäftsunfähigkeit, beschränkter Geschäftsfähig= keit, Bestellung eines Pflegers für seine Person und sein Vermögen wegen körperlicher Gebrechen (§ 1910, Abs. 1) oder vormundschaftsgerichtlich fest= gestellter, langdauernder Behinderung an der Ausübung der elterlichen Ge= walt (§ 1677) — ruht.

2. Nach Auflösung der Ehe, wenn die elterliche Gewalt des Vaters ruht und keine Aussicht besteht, daß der Grund des Ruhens wegfallen werde, kraft Übertragung durch das Vormundschaftsgericht, durch welche sie auch die Nutznießung an dem Vermögen des Kindes erlangt (§ 1685 Abs. 2).

Die elterliche Gewalt der Mutter ruht und endigt aus denselben Gründen wie die des Vaters; sie endigt, wenn die Mutter eine neue Ehe eingeht (§ 1697). Die minderjährige Mutter sowie die wiederverheiratete Mutter behalten jedoch das Recht und die Pflicht der Sorge für die Person des Kindes, ohne zur Vertretung des Kindes berechtigt zu sein. Der dem Kinde bestellte Vormund hat, soweit die Sorge der Mutter zusteht, die rechtliche Stellung eines Beistandes (§§ 1696, 1697).

Neben dem wegen Ruhens und Verwirkens der elterlichen Gewalt des Vaters oder Entziehung der Vertretung des Kindes, bestellten Vormund und neben dem für die Erziehung des Kindes an Stelle des Vaters bestellten Pfleger hat die Mutter die Sorge für die Person des Kindes, jedoch nur so, wie neben dem Vater; bei Meinungsverschiedenheit geht also die Meinung des Vormundes oder Pflegers vor.

Der Mutter des unehelichen Kindes steht die elterliche Gewalt nicht zu, sie hat nur das Recht und die Pflicht für die Person des Kindes zu sorgen, ist aber zur Vertretung des Kindes nicht berechtigt; soweit ihr die Sorge zusteht, hat der Vormund die rechtliche Stellung eines Beistandes (§ 1707).

Durch die Ehescheidung wird die elterliche Gewalt nur insoweit berührt, als für die thatsächliche Sorge für die Person des Kindes besondere Vorschriften gelten (§§ 1635, 1636). Das mit der elterlichen Gewalt verbundene Recht der Sorge für das Vermögen des Kindes, das Recht, dasselbe in seinen persönlichen Angelegenheiten zu vertreten und das Recht der elterlichen Nutznießung werden durch die Scheidung nicht geändert. Die Sorge für die Person des Kindes steht, solange beide Eheleute leben, wenn ein Gatte für schuldig erklärt ist, dem andern Ehegatten zu; sind Beide für schuldig erklärt, so steht die Sorge für einen Sohn unter sechs Jahren oder eine Tochter der Mutter, für einen Sohn, der über sechs Jahre alt ist, dem Vater zu. Das Vormundschaftsgericht kann aus besonderen Gründen im Interesse des Kindes andere Anordnungen treffen. Der von der Sorge ausgeschlossene Ehegatte behält die Befugnis, mit dem Kinde persönlich zu verkehren.

Nach § 20 U.W.G. teilen nach der Ehescheidung die Kinder den Unterstützungswohnsitz der Mutter, wenn dieser die Erziehung zusteht. Das Recht der Sorge für die Person enthält die Erziehung des Kindes. Bei den nach dem 1. Januar 1900 geschiedenen Ehen teilen also, sofern nicht das Vormundschaftsgericht eine andere Anordnung trifft, alle Kinder den Unterstützungswohnsitz der Mutter, wenn der Vater für schuldig erklärt ist, ferner Knaben unter sechs Jahren und Mädchen, auch wenn beide Gatten für schuldig erklärt sind.

Dagegen bleiben für die bereits vor dem Inkrafttreten des B.G.B. geschiedenen Ehen die bisherigen Vorschriften über die Erziehung der Kinder in Kraft; nur findet das Recht des Vormundschaftsgerichts, eine andere Anordnung im Interesse des Kindes zu treffen, auch auf die Kinder aus solchen Ehen Anwendung (Art. 206 E.G.). Eine durch solche Anordnung eintretende Änderung des Erziehungsberechtigten kann die Änderung des Unterstützungswohnsitzes des Kindes zur Folge haben.

Die elterliche Gewalt ist ein den Interessen des Kindes dienendes Schutzinstitut, welches für die Inhaber der elterlichen Gewalt die Pflicht und das Recht begründet, für die Person wie für das Vermögen des

Kindes zu sorgen und das Kind zu vertreten (Motive=Bd. IV S. 724, § 1627).

Nach § 1631 umfaßt die Sorge für die Person das Recht und die Pflicht das Kind zu erziehen, zu beaufsichtigen und seinen Aufenthalt zu bestimmen. Der erziehungsberechtigte Elternteil kann kraft des Erziehungs=rechts angemessene Zuchtmittel gegen das Kind anwenden.

Er kann die Erziehung insbesondere die Berufsausbildung des Kindes einem Dritten insbesondere einer Erziehungsanstalt übertragen, aber er kann nicht dauernd auf die Ausübung des Erziehungsrechts verzichten. Der bei Übergabe des Kindes an eine Erziehungs= oder Besserungsanstalt ver=traglich ausgesprochene oder in den Reglements solcher Anstalten vorgesehene Verzicht auf jederzeitige Rücknahme ist sonach unwirksam. Der Anstalts=vorstand kann sich gegen launenhaften, das Interesse der Kinder gefährdenden Widerruf nur dadurch schützen, daß er geeignetenfalls ein Einschreiten des Vormundschaftsgerichts nach § 1666 (f. unten) anruft.

Die elterliche Gewalt endet mit der Großjährigkeit des Kindes; eine Entlassung aus der elterlichen Gewalt kennt das B.G.B. nicht, ebensowenig eine Fortdauer über das Alter der Großjährigkeit hinaus.

2. Staatliches Eingreifen in die elterliche Erziehung.

a. Allgemeines.

Die Notwendigkeit reformatorischer Bestimmungen für die Behandlung der verwahrlosten und verbrecherischen Jugend ist in den letzten Jahrzehnten lebhaft erörtert worden. Das B.G.B. hat das Ziel, auf diesem Gebiet einheitliches Recht zu schaffen, insofern erreicht, als die Fälle, in denen ein staatliches Eingreifen in die elterlichen Erziehungsrechte zulässig sein soll, erschöpfend geregelt sind, der Begriff und die Voraussetzung der öffentlichen Zwangserziehung reichsgesetzlich festgelegt und die Entscheidung über die Zu=lässigkeit der Maßnahmen, vom § 56 des Strafgesetzbuchs abgesehen, dem Vormundschaftsgericht zugewiesen ist. Die auf dem Gebiet der Zwangs=erziehung aufrecht erhaltene Landesgesetzgebung (Art. 135 E.G.) darf nicht in weiterem Umfang, als das B.G.B. es zuläßt, in die elterliche Gewalt eingreifen, sondern muß die zum Schutz derselben im B.G.B. gezogenen Schranken innehalten.

Von Bedeutung ist ferner, daß das B.G.B. in allen bezüglichen Be=stimmungen als Ersatz der Erziehung im Elternhause die Erziehung in einer andern Familie der Anstaltserziehung voranstellt.

Für die richtige Beurteilung des Verhältnisses der reichsgesetzlichen Vorschriften zu den landesgesetzlichen ist die Kenntnis der Entstehung der einschlägigen Bestimmungen von Bedeutung. Der Reichstagsentwurf ent=hielt in dem jetzigen § 1666, früher § 1643 noch einen zweiten Absatz:

Das gleiche gilt, wenn das Kind sittlich verwahrlost und nach der Persönlichkeit und den Lebensverhältnissen des Vaters anzunehmen ist, daß die elterliche Gewalt zur Besserung des Kindes nicht ausreicht.

In dem Reichstagsentwurf zum Einführungsgesetz war in dem jetzigen Art. 135 (damals 134) bestimmt:

Unberührt bleiben die landesgesetzlichen Vorschriften über die Zwangs=
erziehung Minderjähriger. Die Zwangserziehung ist jedoch, unbeschadet
der Vorschrift in § 56 St.G.B., nur zulässig, wenn sie von dem Vor=
mundschaftsgericht auf Grund des § 1643 (jetzt 1666) und des § 1814
(jetzt 1838) B.G.B. angeordnet wird.

In der zweiten Lesung im Reichstag wurde der oben angeführte Absatz
gestrichen, weil man sich nicht darüber verständigen konnte, ob bei der so=
genannten objektiven Verwahrlosung — bei welcher ein Verschulden des
Inhabers der elterlichen Gewalt nicht vorliegt — der staatliche Eingriff in
die Erziehung allgemein oder nur mit Genehmigung des Inhabers der
elterlichen Gewalt zulässig sein solle. Man überließ die Entscheidung dieser
Frage der landesgesetzlichen Regelung der Zwangserziehung. Es wurde in
Art. 135 E.G., bei Aufrechterhalten auch der auf Grund des § 55 St.G.B.
ergangenen landesgesetzlichen Vorschriften, den Landesgesetzen die Anordnung
der Zwangserziehung über die Fälle der §§ 1666, 1838 hinaus, also auch
im Fall der objektiven Verwahrlosung, jedoch nur unter der Voraussetzung
gestattet, daß die Zwangserziehung zur Verhütung völligen sittlichen Ver=
derbens nötig sei.

3. b. **Vormundschaftsgerichtliches Einschreiten.**

Das B.G.B. erkennt an, daß ein Eingreifen der Staatsgewalt in die
Erziehung nicht erst dann zulässig sein kann, wenn eine strafbare Handlung
begangen ist. Dem natürlichen Rechte der Eltern zur Erziehung ihrer
Kinder entsprechen Pflichten, welche ohne Schaden für die Gesamtheit nicht
vernachlässigt werden dürfen. § 1666 B.G.B. bestimmt deshalb für Kinder,
die unter elterlicher Gewalt stehen:

„Wird das geistige oder leibliche Wohl des Kindes dadurch gefährdet,
daß der Vater die Sorge für die Person des Kindes mißbraucht, das
Kind vernachlässigt oder sich eines ehrlosen oder unsittlichen Verhaltens
schuldig macht, so hat das Vormundschaftsgericht die zur Abwendung der
Gefahr erforderlichen Maßregeln zu treffen. Das Vormundschaftsgericht
kann insbesondere anordnen, daß das Kind zum Zweck der Erziehung in
einer geeigneten Familie oder in einer Erziehungsanstalt oder einer
Besserungsanstalt untergebracht wird."

Das B.G.B. steht sonach auf dem Standpunkt, daß das Erziehungs=
recht den Eltern nur infolge eines Verschuldens entzogen werden könne.
Mißbrauch des Rechts der Sorge für die Person, Vernachlässigung des
Kindes, sind so weite Begriffe, daß vielleicht die Gefahr eines zu scharfen
Eingriffs in die elterliche Erziehung besteht. Die auch in der Kommission
zweiter Lesung hervorgehobene Gefahr politischen Mißbrauchs und vielleicht
noch mehr die Gefahr, daß diese Vorschrift die Handhabe zu einer modernen
Inquisition geben könnte, indem eine Erziehung in den Anschauungen einer
politischen Partei, etwa der socialdemokratischen, oder in einer von der
orthodoxen Lehre der Kirche — gleichviel welcher Konfession oder Religion —
abweichenden religiösen Anschauung als ein das sittliche Wohl des Kindes
gefährdender Mißbrauch des Erziehungsrechts aufgefaßt wird, ist nicht von

B. Familienrecht.

der Hand zu weisen. Von dieser Gefahr der einseitigen Auslegung der Vorschriften im Interesse der im Staat herrschenden politischen oder religiösen Anschauungen abgesehen, ist für das Ermessen des Vormundschaftsgerichts ein weiter Spielraum gegeben. Die Motive nennen als Beispiele des Mißbrauchs und der Vernachlässigung, welche ein Eingreifen des Vormundschaftsgerichts rechtfertigen: Mißhandlung des Kindes, Verleitung zum Bösen, Bestimmung zu einem den Neigungen, Fähigkeiten und sonstigen Verhältnissen nicht entsprechenden Beruf, Vernachlässigung der Sorge für die Ernährung und Pflege des Kindes; man wird auch wohl übermäßige gewerbliche Beschäftigung hierher rechnen können. Abgesehen von einer Vernachlässigung oder einem Mißbrauch des Erziehungsrechts ist aber weiterhin die Möglichkeit eines Eingreifens schon gegeben, wenn der Vater sich eines ehrlosen oder unsittlichen Verhaltens schuldig macht. Das B.G.B. schließt sich mit dieser Bestimmung dem Vorgange des Gemeinen Rechts des württembergischen Gesetzes vom 27. Dezember 1871, des elsaß-lothr. Gesetzes vom 18. Juli 1890 an. Es soll dadurch die Möglichkeit gegeben werden, das Kind dem verderblichen Einflusse zu entziehen, welchen das schlechte Beispiel des Vaters ausübt.

Die Art der im Interesse des Kindes zu ergreifenden Maßnahmen ist dem Ermessen des Vormundschaftsgerichts überlassen. Dasselbe kann sich darauf beschränken, an Stelle des Vaters für die Erziehung des Kindes einen Pfleger zu bestellen; in diesem Falle behält die Mutter die Sorge für die Person des Kindes neben dem Pfleger in der Weise, daß bei Meinungsverschiedenheit die Meinung des Pflegers vorgeht (§§ 1698, 1634). Diese Bestimmung ist von der Kommission zweiter Lesung eingefügt (Prot. 4 S. 650). Es wurde für ein unnatürliches Verhältnis erachtet, daß die Mutter nicht mehr das Recht habe, sich um das Kind zu kümmern. Der die elterliche Gewalt übenden Mutter kann im Falle des § 1666 ein Beistand bestellt werden (§ 1687). Das Vormundschaftsgericht kann aber auch sie von der Sorge für das Kind ausschließen, indem es Unterbringung außerhalb des Elternhauses anordnet. In solchem Fall hat das Vormundschaftsgericht die Wahl, ob es Familienpflege oder Anstaltspflege anordnen will.

Es ist anzunehmen, daß einer Anordnung des Vormundschaftsgerichts über die Unterbringung des Kindes außerhalb des Elternhauses gegenüber das in § 1698 der Mutter gegebene Recht nicht bestehen bleibt. Mit Recht führen die Motive aus, daß, wenn dem Vater die mit der elterlichen Gewalt verbundene Sorge für die Person des Kindes entzogen ist, nicht etwa die elterliche Gewalt der Mutter in Kraft treten dürfe, weil eine gegenteilige Bestimmung bei der Abhängigkeit der Mutter vom Vater und dem Einfluß desselben auf die Mutter den Erfolg der getroffenen Maßregel vereiteln würde (Motive IV S. 806). Die Erfahrung lehrt, daß der Erfolg der Zwangserziehung, mag sie in Familien oder Anstalten vor sich gehen, oft gefährdet wird, wenn eine Verbindung zwischen dem Kinde und dem Elternhause, aus dem es im eigenen Interesse entfernt werden mußte, bleibt. Wird ein Recht der Mutter zur Sorge für das Kind trotz der Zwangserziehung anerkannt, so würde der Einfluß des Elternhauses bestehen bleiben.

Für bevormundete Kinder trifft § 1838 die entsprechende Bestimmung:

„Das Vormundschaftsgericht kann anordnen, daß der Mündel zum Zwecke der Erziehung iu einer geeigneten Familie oder in einer Erziehungsanstalt oder einer Besserungsanstalt untergebracht wird. Steht dem Vater oder der Mutter die Sorge für die Person des Mündels zu, so ist eine solche Anordnung nur unter den Voraussetzungen des § 1666 zulässig."

Die von der Kommission zur zweiten Lesung des Entwurfs beschlossene und auch in der Reichstagsvorlage enthaltene weitergehende Bestimmung, nach welcher eine Beschränkung der Eltern in ihrem Recht zur Sorge für die Person des Kindes auch dann zulässig sein sollte,

wenn das Kind sittlich verwahrlost und nach der Persönlichkeit und den Lebensverhältnissen des Kindes anzunehmen ist, daß die elterliche Erziehungsgewalt zur Besserung des Kindes nicht ausreicht (Abs. 2 des § 1643 des Reichstagsentwurfs),

ist, wie bereits kurz erwähnt, im Reichstage gestrichen worden. Der Entwurf zweiter Lesung hatte sich mit dieser Bestimmung dem Vorgange der meisten Landesgesetzgebungen angeschlossen, die in Erkenntnis der dem Staat obliegenden socialpolitischen Aufgaben das Eingreifen in die elterlichen Erziehungsrechte auch ohne Verschulden der Eltern dann für zulässig erklären, wenn das Kind zu verwahrlosen droht und die häuslichen Verhältnisse keine Gewähr für eine Besserung bieten. Die Denkschrift zum Entwurf des B.G.B. sprach die Erwartung aus, daß eine derartige Erweiterung der staatlichen Fürsorge dazu beitragen werde, der zunehmenden Verwahrlosung der Kinder und der daraus sich ergebenden Vermehrung strafbarer Handlungen entgegenzuwirken (S. 230).

Nach Streichung dieser Bestimmung ist reichsgesetzlich ein Eingreifen gegen den Willen des Erziehungsberechtigten in dem nicht seltenen Falle ausgeschlossen, daß ohne nachweisbares Verschulden der Eltern, trotz redlicher Sorge derselben, die Kinder verwahrlosen, daß die elterlichen Zuchtmittel nicht ausreichen. In solchem Falle soll das Vormundschaftsgericht nach § 1631 Abs. 2 den Vater „auf seinen Antrag durch Anwendung geeigneter Zuchtmittel unterstützen". Es soll nach den Motiven Bd. IV S. 152 durch diese Bestimmung dem Erziehungsberechtigten die Möglichkeit gegeben werden, das Kind mit Hilfe des Vormundschaftsgerichts anderweit, z. B. in einer Erziehungs= oder Besserungsanstalt unterzubringen. Das Einschreiten auf Grund des § 1631 Abs. 2 setzt aber einen Antrag des Erziehungsberechtigten voraus, auch sind die getroffenen Maßregeln nach dem Grundsatz, daß auf das elterliche Recht nicht verzichtet werden kann, nur solange zulässig, als der Inhaber der elterlichen Gewalt einverstanden ist. Doch wird bei willkürlicher Willensänderung zum Nachteil des Kindes das Vormundschaftsgericht Anlaß zu der Erwägung haben, ob nunmehr auf Grund des § 1666 aus dem Gesichtspunkt der Vernachlässigung der Erziehung einzuschreiten ist. Auf einem Umweg könnte sonach das Ergebnis erreicht werden, zu welchem der Abs. 2 des § 1643 des Reichstagsentwurfs eine direkte Handhabe gewähren wollte.

B. Familienrecht.

Eine Altersgrenze, von welcher an und bis zu welcher die Maßnahmen des Vormundschaftsgerichts auf Grund der §§ 1666, 1631 Abs. 2, 1838 zulässig sind, ist reichsgesetzlich nicht vorgesehen. Selbstverständlich fallen sie fort mit der Großjährigkeit des Kindes. Das Vormundschaftsgericht kann sie jedoch während der Dauer der elterlichen Gewalt jederzeit ändern oder aufheben (§ 1671 B.G.B.).

4. c. Verfahren und Durchführung.

In formeller Beziehung ist für das Verfahren des Vormundschaftsgerichts reichsgesetzlich nur vorgeschrieben, daß vor einer Entscheidung, durch welche die Sorge für die Person des Kindes dem Erziehungsberechtigten entzogen wird, dieser, soweit es nicht unthunlich, sowie Verwandte, insbesondere die Mutter des Kindes, soweit dies ohne erhebliche Verzögerung und unverhältnismäßige Kosten geschehen kann, zu hören sind (§ 1673). Gegen die Entscheidung des Vormundschaftsgerichts ist die Beschwerde an das Landgericht und gegen dessen Entscheidung, sofern sie auf einer Verletzung der Gesetze beruht, die weitere Beschwerde an das Oberlandesgericht nach den Vorschriften des R.G. über die freiwillige Gerichtsbarkeit vom 17. Mai 1898 (§ 19 ff.) gegeben.

Die Beschwerde steht jedem zu, dessen Recht durch die Verfügung beeinträchtigt ist (§ 20 das.), gegen eine Verfügung, die eine Entscheidung über eine die Person des Kindes oder des Mündels betreffende Angelegenheit enthält, jedem, der ein berechtigtes Interesse hat, diese Angelegenheit wahrzunehmen (§ 57 Nr. 9 das.). Zu den Interessenten werden die Gemeinden (als Schulbehörde, Ortsarmenverband) gehören. Insbesondere steht gegen eine Verfügung, durch welche die Anordnung einer der in §§ 1665 bis 1667 B.G.B. vorgesehenen Maßregeln abgelehnt oder eine solche Maßregel aufgehoben wird, den Verwandten und Verschwägerten des Kindes die Beschwerde zu (§ 57 Nr. 8). Nach Vollendung des 14. Lebensjahres hat das Kind selbst in alle seine Person betreffenden Angelegenheiten ohne Mitwirkung des gesetzlichen Vertreters das Beschwerderecht (§ 59 das.).

Die Durchführung der vom Vormundschaftsgericht angeordneten Maßregel wird dem vom Gericht zu bestellenden Pfleger obliegen. Die Kosten einer Erziehung außerhalb des Elternhauses hat der Vater zu tragen. Der mit der Durchführung der Maßregel betraute Pfleger wird nötigenfalls gegen den Vater auf Hergabe der erforderlichen Mittel klagen müssen. Sofern der Vater die Kosten nicht hergeben kann, wird, sofern nicht die landesgesetzlichen Vorschriften über die Zwangserziehung eingreifen, die vom Gericht angeordnete Maßnahme nur durchführbar sein, wenn die Mittel anderweit zur Verfügung gestellt werden; die Privatwohlthätigkeit greift vielfach ergänzend ein. Man wird aber die Hergabe der erforderlichen Mittel als Pflicht der Gemeinde ansehen müssen. Es kann dahingestellt bleiben, ob die dadurch entstehenden Kosten als Armenpflegekosten anzusehen sind. Man kann das mit folgender Begründung behaupten: den Eltern ist die Erziehung genommen und angeordnet, daß das Kind anderweit untergebracht werden soll, dazu reicht das Einkommen der Eltern nicht aus, die Kinder sind, weil sie den Eltern nicht belassen werden dürfen, hilfsbedürftig.

Ob das Bundesamt für Heimatwesen in solchem Falle einen Erstattungsanspruch gegen den Ortsarmenverband des Unterstützungswohnsitzes anerkennen würde, steht dahin. In jedem Falle ist die Übernahme der durch diese auf der Grenze der Schul- und Armenverwaltung liegenden Fürsorgethätigkeit entstehenden Kosten durch die Gemeinden ebenso gerechtfertigt, wie die Aufnahme taubstummer oder blinder Kinder, denen die Eltern zwar Ernährung und Unterkunft, aber nicht die zur Ausbildung nötige Anstaltspflege gewähren können, in eine Taubstummen- oder Blindenanstalt, obwohl in einem solchen Falle nach dem Urteil des Bundesamts vom 2. März 1895 die in Preußen der öffentlichen Armenpflege gezogenen Grenzen überschritten werden.

Das Ergreifen von Maßnahmen gegen die Verwahrlosung der Jugend ist, wie die Protokolle zweiter Lesung (Bd. 4 S. 622) mit Recht besagen, ein Ergebnis moderner Socialpolitik. Wenn die Gemeinden, wie dies die größeren Städte meist schon gethan haben, eine über den Rahmen der gesetzlichen Armenpflege hinausgehende Fürsorge im Interesse der heranwachsenden Jugend ausüben, so handeln sie nach dem Grundsatz: Sauvez l'enfant et il n'y aura pas d'hommes à corriger ou à punir (Th. Roussel auf dem internationalen Gefängniskongresse zu St. Petersburg 1890). Es sei hier namentlich auf das Beispiel der Stadt Berlin verwiesen, welche seit vielen Jahren für die Aufnahme verwahrloster Kinder in „städtische Erziehung" besondere Verwaltungsgrundsätze entwickelt hat.

5. d. Zwangserziehung.

Bei den auf Grund der §§ 1666, 1631 Abs. 2, 1838 angeordneten Maßregeln des Vormundschaftsgerichts handelt es sich um einen Eingriff in die Erziehungsgewalt der Eltern, dessen Durchführung wesentlich nur nach civilrechtlichen Grundsätzen erfolgen kann. Das B.G.B. erkennt aber an, daß die Durchführung der Maßregeln nicht völlig dem Civilrecht überlassen werden darf, sondern nur durch die Zulassung der öffentlichen Zwangserziehung gesichert werden kann (vgl. Denkschrift zum B.G.B. S. 230). Das B.G.B. überläßt jedoch die Regelung der öffentlichen Zwangserziehung in der Hauptsache der Landesgesetzgebung. Art. 135 des E.G. zum B.G.B. bestimmt in dieser Beziehung:

Unberührt bleiben die landesgesetzlichen Vorschriften über die Zwangserziehung Minderjähriger. Die Zwangserziehung ist jedoch, unbeschadet der Vorschriften der §§ 55, 56 St.G.B., nur zulässig, wenn sie von dem Vormundschaftsgericht angeordnet wird. Die Anordnung kann außer den Fällen der §§ 1666, 1838 B.G.B. nur erfolgen, wenn die Zwangserziehung zur Verhütung des völligen sittlichen Verderbens notwendig ist.

Die Landesgesetze können die Entscheidung darüber, ob der Minderjährige, dessen Zwangserziehung angeordnet ist, in einer Familie oder in einer Erziehungs- oder Besserungsanstalt unterzubringen sei, einer Verwaltungsbehörde übertragen, wenn die Unterbringung auf öffentliche Kosten zu erfolgen hat.

Auf dem Gebiete der Zwangserziehung ist sonach die Rechtslage folgende:

1. Unverändert gilt § 56 St.G.B.:

Gegen jugendliche Personen zwischen 12 und 18 Jahren, welche eine strafbare Handlung begangen haben, aber wegen mangelnder Erkenntnis der Strafbarkeit derselben freigesprochen werden, kann in dem freisprechenden Urteil die Unterbringung in eine Erziehungs= oder Besserungsanstalt angeordnet werden.

Die Durchführung der vom Strafrichter angeordneten Maßregel richtet sich nach den landesgesetzlichen Vorschriften. In den vier Königreichen ist die Regelung durch Ministerialerlasse erfolgt. Die Kosten werden als Kosten des Strafvollzugs auf die Staatskasse übernommen.

2. Es gilt ferner § 55 St.G.B. in der Fassung, die er durch Art. 34 I. des E.G. zum B.G.B. erhalten hat: Kinder unter 12 Jahren, die eine strafbare Handlung begehen, sind strafrechtlich nicht zu verfolgen; es können aber gegen sie

„nach Maßgabe der landesgesetzlichen Vorschriften, die zur Besserung und Beaufsichtigung geeigneten Maßregeln getroffen werden. Die Unterbringung in eine Familie, Erziehungs= oder Besserungsanstalt kann nur erfolgen, nachdem durch Beschluß des Vormundschaftsgerichts die Begehung der Handlung festgestellt und die Unterbringung für zulässig erklärt ist."

Der Unterschied von der früheren Fassung des § 55 St.G.B. liegt darin, daß die Unterbringung in eine Familie — sogar in erster Linie — für zulässig erklärt ist, wodurch ein Zweifel über die Auslegung des früheren Rechts gehoben ist, sowie darin, daß die Beschlußfassung des Vormundschaftsgerichts in allen Fällen der Herausnahme aus der elterlichen Familie gefordert wird.

Eine auf Grund des § 55 St.G.B. ergangene landesgesetzliche Bestimmung ist für Preußen das Gesetz vom 13. März 1878 betr. die Unterbringung verwahrloster Kinder, welches sonach unverändert in Kraft bleibt. Die Annahme von Schultzenstein und Köhne, Das deutsche Vormundschafts=recht S. 343 Anm. 5, daß in § 1 dieses Gesetzes die Worte „zur Verhütung weiterer sittlicher Verwahrlosung" ersetzt seien durch die Worte des Art. 135 Abs. 1 Satz 3 E.G.: „zur Verhütung des völligen sittlichen Verderbens", ist m. E. irrig; denn § 55 St.G.B. ist in Art. 135 unberührt gelassen; die auf Grund des § 55 St.G.B. ergehenden Landesgesetze können daher die Voraussetzung der Unterbringung anders bestimmen als Art. 135 vorschreibt.

Diese Unterscheidung findet sich auch in dem hessischen Gesetz betr. die Zwangserziehung Minderjähriger, dessen Art. 1 Satz 1, welcher die Maß=regeln auf Grund des § 55 St.G.B. anordnet, durch Art. 284 des Ausführungsgesetzes zum B.G.B. vom 22. Juli 1899 die Fassung erhalten hat:

„wenn die Unterbringung mit Rücksicht auf die Beschaffenheit der straf=baren Handlung der Persönlichkeit des Kindes, der Eltern oder sonstiger

Erzieher desselben und auf dessen übrige Lebensweise zur Verhütung weiterer sittlicher Verwahrlosung erforderlich ist,"

während Satz 2, der die Zwangserziehung außerhalb des Falles des § 55 St.G.B. (s. unten zu 3.) regelt, die Maßregeln nur zuläßt,

"wenn sie zur Verhütung des völligen sittlichen Verderbens des Minderjährigen notwendig sind."

3. Auch ohne die Voraussetzung einer strafbaren Handlung kann die Landesgesetzgebung die Zwangserziehung Minderjähriger für zulässig erklären, wenn zwei Voraussetzungen erfüllt sind:

a) Die Anordnung muß durch das Vormundschaftsgericht erfolgen. Die Vorschriften einzelner Landesgesetze, welche die Entscheidung anderen Behörden zuweisen, z. B. in Bayern dem Strafrichter gemäß Art. 81 des bayer. Polizei St.G.B., dem Armenrat nach § 36 des Armengesetzes vom 29./4. 1869, in Württemberg dem Gemeinderat nach Art. 12 des Polizei-St.G.B., in Sachsen der Polizeibehörde nach § 5 des Ges. über das Volksschulwesen vom 26./4. 1873, in Anhalt der Kreisdirektion nach dem Ges. vom 29./12. 1873, sind damit aufgehoben Der Art. 81 des bayerischen Polizei St.G.B., wonach bestraft werden kann:

wer ihm angehörige oder anvertraute Kinder in Bezug auf Schutz, Aufsicht, Verpflegung oder ärztlichen Beistand verwahrlost; gleichzeitig kann in dem Urteil die Distriktspolizeibehörde ermächtigt werden, in anderer Weise für die Unterbringung der betreffenden Kinder zu sorgen,

hat in Art. 162 Nr. I des bayerischen Ausführungsgesetzes zum B.G.B. den Zusatz erhalten:

Die Ermächtigung ist, wenn es sich um eine Maßregel handelt, zu der eine Anordnung des Vormundschaftsgerichts erforderlich ist, von der Erlassung dieser Anordnung abhängig zu machen.

b) Die Anordnung setzt die Feststellung voraus, daß entweder ein Fall der §§ 1666, 1838 B.G.B. vorliegt oder außer diesen Fällen — daß die Zwangserziehung zur Verhütung des völligen sittlichen Verderbens nötig ist.

Letztere Vorschrift ist dem Wortlaut des — sonach unverändert in Kraft gebliebenen — badischen Gesetzes vom 4. Mai 1886 nachgebildet:

"wenn nach ihrem Verhalten die Erziehungsgewalt der Eltern und die Zuchtmittel der Schule sich zur Verhütung ihres völligen sittlichen Verderbens unzureichend erweisen" (vgl. auch das vorerwähnte hessische Gesetz).

Weitergehende Bestimmungen einzelner Landesgesetze werden eingeschränkt.

Wenn z. B. das bremische Gesetz vom 19./6. 1877 als zur Zwangserziehung geeignet bezeichnet:

1. . . . . .

2. jugendliche Personen von 12—18 Jahren, welche eine strafbare Handlung begangen, die Strafe verbüßt oder Strafaufschub oder Begnadigung erlangt haben, sofern die Maßnahme erforderlich erscheint, um die betreffende Person auf den Weg der Sitte oder des Gesetzes zurückzuführen.

B. Familienrecht.

3. Personen unter 16 Jahren,
   a) wenn bei ihnen die gewöhnlichen Erziehungsmittel sich als unzureichend erwiesen haben, um sie vor sittlichem Verfall zu bewahren,
   b) wenn wegen der sittlichen Verkommenheit der Eltern oder sonstigen Erzieher oder grober Vernachlässigung der denselben obliegenden Pflichten die Gefahr ihres sittlichen Verderbens begründet ist.

4. diejenigen, die während des schulpflichtigen Alters dem Schulbesuch sich beharrlich entziehen,

so wird, soweit nicht Nr 3b durch die Vorschriften der §§ 1666, 1838 gedeckt werden, gemäß Art. 135 E.G. die fernere Feststellung erforderlich sein, daß die Zwangserziehung zur Verhütung des völligen sittlichen Verderbens nötig sei.

Die gleiche Feststellung wird auch gemäß Art. 135 E.G. der sächsische Vormundschaftsrichter treffen müssen, obwohl die an Stelle des § 5 des sächsischen Gesetzes über das Volksschulwesen

„schulpflichtige Kinder, gegen welche die der Schule selbst zu Gebote stehenden Zuchtmittel ohne Erfolg bleiben, können auf Antrag der Schulbehörde durch die Ortspolizeibehörde den Eltern oder Pflegern entzogen und bei anderen Personen oder in Besserungsanstalten untergebracht werden,"

getretene Vorschrift des § 50 des sächsischen Ausführungsgesetzes vom 18. Juni 1898 nur vorschreibt:

„Ist ein Kind sittlich verwahrlost oder der Verwahrlosung ausgesetzt, und bleiben die der Schule zu Gebote stehenden Zuchtmittel ohne Erfolg, so hat der Schulvorstand oder die Bezirksschulinspektion nach Gehör des Schulvorstandes die Anordnung der Zwangserziehung bei dem Vormundschaftsgerichte zu beantragen. Wird die Zwangserziehung angeordnet, so ist, wenn sie auf öffentliche Kosten erfolgt, von der Obrigkeit, anderenfalls von dem Vormundschaftsgerichte zu bestimmen, ob das Kind in einer Familie nach Befinden mit Privatunterrichtserteilung oder in einer Erziehungs- oder Besserungsanstalt untergebracht werden solle."

Auf der anderen Seite ist es der Landesgesetzgebung unbenommen, die Fälle, in denen sie die öffentliche Zwangserziehung zuläßt, gegenüber den §§ 1666, 1838 einzuschränken. Wenn z. B. das anhaltische Gesetz vom 29./12. 73 die Zwangserziehung nur gegen Kinder von 6—12 Jahren zuläßt, „welche durch ihr an die Öffentlichkeit tretendes Verhalten eine solche sittliche Verwahrlosung zu erkennen geben, daß ihr Verfallen in die Verbrecherlaufbahn zu befürchten steht," so reicht das Recht des Vormundschaftsgerichts zur Anordnung der Zwangserziehung nicht so weit, wie seine Befugnis zum Einschreiten auf Grund der §§ 1666, 1838, sowohl hinsichtlich der Altersgrenze wie hinsichtlich der Voraussetzungen des Eingreifens. Noch viel mehr tritt das bei den Staaten in die Erscheinung, welche, wie z. B. Preußen, die Zwangserziehung nur auf Grund der §§ 55 und 56 St.G.B. zulassen.

Für das Verfahren des Vormundschaftsgerichts bei Anordnung der Zwangserziehung haben zunächst die oben angeführten reichsgesetzlichen Vorschriften (§ 1673 B.G.B., §§ 19 ff., 57, 59 des R.G. über die freiwillige Gerichtsbarkeit) Anwendung zu finden. Die Landesgesetzgebung kann weitere Vorschriften bezüglich des Verfahrens, der Antrags- und Beschwerdeberechtigten geben.

Auch die Dauer der Zwangserziehung ist landesgesetzlich zu regeln, naturgemäß darf sie nicht über die Großjährigkeit hinaus ausgedehnt werden.

Die Unterbringung selbst erfolgt der Regel nach durch eine Verwaltungsbehörde.

Die Kosten der Unterbringung werden, falls sie aus öffentlichen Mitteln entnommen werden müssen, in den Landesgesetzen meist den größeren Verbänden auferlegt bezw. zwischen diesen und den Ortsarmenverbänden geteilt.

6. Beschränkung der elterlichen Gewalt in Bezug auf das Vermögensrecht.

Verwaltung und Nutznießung am Kindesvermögen kann dem Vater entzogen werden, wenn er das Recht des Kindes auf Gewährung des Unterhalts verletzt und für die Zukunft eine erhebliche Gefährdung des Unterhalts zu besorgen ist (§ 1666 Abs. 2).

Bei Gefährdung des Vermögens des Kindes durch Pflichtwidrigkeit oder Vermögensverfall des Vaters hat das Vormundschaftsgericht die zur Abwendung der Gefahr erforderlichen Maßregeln zu treffen, kann Sicherheitsleistung anordnen und äußerstenfalls die Verwaltung entziehen (§ 1667 ff., 1670 B.G.B.).

Der die elterliche Gewalt übenden Mutter kann in den Fällen der §§ 1666, 1667 ein Beistand bestellt werden (§ 1687 Nr. 3).

7. Selbständigkeit der Frau in Beziehung auf Erwerb und Verlust des Unterstützungswohnsitzes.

Nach § 17 U.W.G. gilt die Frau während der Dauer der Ehe als selbständig in Bezug auf den Erwerb und Verlust des Unterstützungswohnsitzes:
1. wenn und solange der Ehemann sie böslich verlassen hat,
2. wenn und solange sie
   a) während der Dauer der Haft des Ehemannes,
   b) infolge der ausdrücklichen Einwilligung desselben
   c) kraft der nach den Landesgesetzen ihr zustehenden Befugnis
vom Ehemann getrennt lebt und ohne dessen Beihilfe ihre Ernährung findet.

Die Fälle 2a und b werden durch das B.G.B. nicht berührt. Zu beachten ist nur, daß ein vertragsmäßiger Verzicht auf die Folgepflicht der Frau nicht zulässig ist. Wenn also der Mann seine Willensmeinung ändert, die Erlaubnis zum Getrenntleben zurücknimmt, so kann die Frau sich nicht auf die Abmachung berufen, es fällt von dem Zeitpunkt an der Grund für ihre Selbständigkeit fort, sofern nicht ihr ein Grund nach 2c zur Seite

B. Familienrecht.

steht. Dagegen ist vom 1. Januar 1900 an die Frage, ob böswillige Verlassung vorliegt und ob die Frau befugterweise vom Manne getrennt lebt, lediglich nach dem B.G.B. zu entscheiden, welches die Wirkungen der Ehe einheitlich unter Ausschluß abweichender landesgesetzlicher Vorschriften regelt, sonach an Stelle der „landesgesetzlichen" Vorschriften tritt. Es kann daher die Folge eintreten, daß der gleiche Thatbestand vom 1. Januar 1900 an abweichender Beurteilung unterliegt. Wenn eine Frau, die nach der Landesgesetzgebung befugterweise getrennt lebte, daher einen selbständigen Unterstützungswohnsitz erworben hatte, nach den Vorschriften des B.G.B. nicht mehr als befugterweise getrennt lebend angesehen werden kann, so teilt sie vom 1. Januar 1900 wieder den U.W. des Mannes.

Das B.G.B. behandelt die bösliche Verlassung als Ehescheidungsgrund in § 1567. Danach liegt bösliche Verlassung in diesem Sinne eines Ehescheidungsgrundes nur vor, wenn die Frau eine Vorklage auf Herstellung der häuslichen Gemeinschaft — also auf Rückkehr in die Ehewohnung bezw. Aufnahme der Frau in dieselbe — erhoben und der Mann dem rechtskräftig gewordenen Urteil ein Jahr lang nicht Folge geleistet hat, und zwar gegen den Willen der Frau und in böslicher Absicht; ohne diese Vorklage nur, wenn der Aufenthalt des Mannes ein Jahr lang unbekannt war, so daß es der öffentlichen Zustellung bedurfte und letztere Voraussetzung noch zur Zeit des Urteils besteht.

Da in § 17 U.W.G. nicht vorausgesetzt ist, daß das bösliche Verlassen nur dann die Frau selbständig macht, wenn dasselbe auch einen Ehescheidungsgrund giebt, so können die Vorschriften in § 1573 nur insoweit zur Auslegung des § 17 benutzt werden, als sie etwa den Begriff der „böslichen Verlassung" bestimmen, nicht aber insoweit sie nur Bestimmung darüber treffen, unter welchen Voraussetzungen das bösliche Verlassen einen Ehescheidungsgrund darstellt (vgl. Entsch. des Bundesamts Bd. 24 S. 61). Im übrigen ist die Frage, wann bösliches Verlassen im Sinne des § 17 U.W.G. vorliegt, lediglich nach den allgemeinen Vorschriften des B.G.B. über die Rechte und Pflichten der Ehegatten gegeneinander zu bestimmen.

Das B.G.B. stellt in § 1353 seinen Vorschriften über das persönliche Verhältnis der Ehegatten den Satz voran:

„Die Ehegatten sind einander zur ehelichen Lebensgemeinschaft verbunden."

Der Mann hat nach § 1354 die Entscheidung in allen das gemeinschaftliche eheliche Leben betreffenden Angelegenheiten, insbesondere in Bezug auf Wohnort und Wohnung. Die Frau ist nicht verpflichtet, dem Verlangen des Ehemannes nach Herstellung des ehelichen Lebens Folge zu leisten oder seiner Entscheidung in Bezug auf Wohnort und Wohnung sich zu fügen, wenn sein Verlangen oder seine Entscheidung einen Mißbrauch seines Rechtes darstellt. Die Frau kann weiterhin die Herstellung des ehelichen Lebens verweigern, wenn sie berechtigt ist, auf Ehescheidung zu klagen. Nach diesen Vorschriften ist zu beurteilen, ob die Frau vom Mann böslich verlassen ist oder befugterweise von ihm getrennt lebt; nur insoweit wird die Vorschrift in § 1567 in Betracht gezogen werden können, als danach zum Begriff des böslichen Verlassens gehört, daß der Mann gegen den Willen der Frau ihr fern bleibt.

Was als „Mißbrauch" des Rechts des Mannes anzusehen ist, richtet sich danach, ob nach den Umständen des einzelnen Falles unter Berücksichtigung der gesellschaftlichen Stellung, der Lebens- und Erwerbsverhältnisse der Ehegatten ein bestimmtes Verlangen mit der rechten ehelichen Gesinnung unvereinbar ist. Der Regierungsvertreter hat im Reichstag den Begriff dahin erläutert: Mißbrauch liegt vor, wenn der Mann eine Entscheidung trifft, von der man sagen muß, bei der rechten Liebe wäre diese Entscheidung nicht getroffen worden. Einerseits ist es Mißbrauch, wenn der Mann verlangt, daß die Frau zu ihm ziehe, während er ihr eine nach seinen Verhältnissen unzureichende Wohnung bietet; wenn andrerseits die Not des Lebens den Mann zwingt, für sich allein an einem fremden Ort Arbeit zu suchen, so wäre es ein unberechtigtes Verlangen der Frau, daß der Mann in die Ehewohnung zurückkomme (Jastrow, Recht der Frau. S. 27).

Ein Recht auf Scheidung zu klagen hat die Frau:

1. Bei Ehebruch, Doppelehe, widernatürlichem Sittlichkeitsvergehen, es sei denn, daß die Frau dem Ehebruch oder der strafbaren Handlung zustimmt oder an ihr Anteil hat;

2. wenn der Mann ihr nach dem Leben trachtet;

3. wenn der Mann sie böslich verlassen hat mit der oben angegebenen Beschränkung;

4. wenn der Mann durch schwere Verletzung der durch die Ehe begründeten Pflichten oder durch ehrloses oder unsittliches Verhalten eine so tiefe Zerrüttung des ehelichen Verhältnisses verschuldet, daß der Frau die Fortsetzung der Ehe nicht zugemutet werden kann; als solch schwere Verletzung der ehelichen Pflicht gilt grobe Mißhandlung.

5. wenn der Mann in Geisteskrankheit verfallen ist, unter den in § 1569 angegebenen Voraussetzungen.

In diesen Fällen steht also der Frau das Recht zu, vom Manne getrennt zu leben, doch erlischt das Recht auf Scheidung im Fall 1—4 durch Verzeihung, sowie wenn nicht binnen 6 Monaten nach Kenntnis des Ehescheidungsgrundes die Klage erhoben oder Sühnetermin beantragt ist. Solange aber die Frau wegen Vorhandenseins eines solchen Ehescheidungsgrundes die eheliche Gemeinschaft gelöst hat, läuft die Frist nicht. Der Mann kann sie in Lauf setzen, indem er die Frau auffordert, entweder die häusliche Gemeinschaft herzustellen oder die Klage auf Scheidung zu erheben. Sofern infolge dieser Bestimmung das Recht der Frau, auf Ehescheidung zu klagen, durch Fristablauf erlischt, kann ihr zunächst befugtes Getrenntleben ein unbefugtes werden, sofern ihr nicht gemäß §§ 1353, 1354 auch nach Beseitigung des Ehescheidungsgrundes das Recht zusteht, die häusliche Gemeinschaft zu verweigern.

Abgesehen von diesem Fristlauf ist nach 10 Jahren, seit Eintritt des Scheidungsgrundes, das Recht auf Scheidung zu klagen, ausgeschlossen. Damit ist aber noch nicht gesagt, daß von nun an das Getrenntleben der Frau ein unbefugtes sei.

C. Vormundschaftsrecht.
1. Gemeindewaisenrat.

Das B.G.B. hat die Fürsorge für die Person und das Vermögen des Mündels im wesentlichen dem Vormunde überlassen, dem Vormundschafts=
gericht nur eine Oberaufsicht zugewiesen. Den Landesgesetzen ist überlassen, die dem Vormundschaftsgericht obliegenden Verrichtungen anderen als gericht=
lichen Behörden zuzuweisen (Art. 147 E.G.). Eine allgemeine Übertragung der Obervormundschaft an die Gemeinden ist als unthunlich erachtet (Motive IV, S. 1017). Wohl aber ist für eine Mitwirkung der Gemeinden auf dem Gebiet der unmittelbaren Aufsicht über Vormünder und Mündel, insbesondere soweit es sich um die persönliche Fürsorge für die letzteren handelt, durch die Schaffung der Gemeindewaisenräte ein Feld der Thätig=
keit eröffnet.

Die Stellung des Gemeindewaisenrates ist als die eines Hilfsorgans der Obervormundschaft, und zwar nicht nur im Verhältnisse zu demjenigen Vormundschaftsgericht, in dessen Bezirk die betreffende Gemeinde liegt, sondern im Verhältnis zu allen Vormundschaftsgerichten, welchen obervor=
mundschaftliche Funktionen in Ansehung der in der Gemeinde sich auf=
haltenden Mündel zustehen, aufgefaßt (Motive IV, S. 1225). Die Or=
ganisation ist der Landesgesetzgebung überlassen.

Das preußische Ausführungsgesetz bestimmt in Art. 77:

§ 1. „Für jede Gemeinde oder für örtlich abzugrenzende Gemeinde=
teile sind ein oder mehrere Gemeindemitglieder als Gemeindewaisenrat zu bestellen; für benachbarte Gemeindebezirke können dieselben Personen bestellt werden. Das Amt eines Waisenrats ist ein unentgeltliches Gemeindeamt.

Durch Beschluß der Gemeindebehörde können die dem Gemeinde=
waisenrat obliegenden Verrichtungen besonderen Abteilungen oder schon bestehenden Organen der Gemeindeverwaltung übertragen werden.

Auf selbständige Gutsbezirke finden diese Vorschriften mit der Maßgabe entsprechende Anwendung, daß der Waisenrat von dem Guts=
vorsteher ernannt wird.

Die bisherigen Waisenräte bleiben im Amte.

§ 2. Zur Unterstützung des Gemeindewaisenrates können Frauen, die hierzu bereit sind, als Waisenpflegerinnen widerruflich bestellt werden. Die Zuständigkeit für die Bestellung bestimmt sich nach den für die Bestellung der Waisenräte maßgebenden Vorschriften.

Die Waisenpflegerinnen haben unter der Leitung des Gemeinde=
waisenrats bei der Beaufsichtigung der im Kindesalter stehenden Mündel und bei der Überwachung weiblicher Mündel mitzuwirken.

Das Sächsische Ausführungsgesetz bestimmt in § 41 nur:

Die Einrichtung des Gemeindewaisenrats wird durch Verordnung bestimmt.

Das Hessische weist die Geschäfte des Gemeindewaisenrates den Ortsgerichten zu. Eingehende Vorschriften giebt das Bayrische Aus=
führungsgesetz in dem Art. 93—99.

Art. 93. Für jede Gemeinde wird ein Gemeindewaisenrat bestellt. In Städten mit mehr als 100 000 Einwohnern können mehrere Gemeindewaisenräte, jeder für einen abgegrenzten Teil des Stadtbezirkes gebildet werden.

Art. 94. Der Gemeindewaisenrat besteht in Gemeinden mit städtischer Verfassung sowie in Gemeinden mit mehr als 5000 Einwohnern, aus dem Bürgermeister, wo deren mehrere vorhanden sind, aus dem ersten, als Vorsitzenden, und aus einer Anzahl gewählter Waisenräte. Der Bürgermeister kann sich durch ein Mitglied des Magistrats oder der Gemeindeverwaltung vertreten lassen.

In den übrigen Gemeinden werden ein oder mehrere Waisenräte aufgestellt. Bei der Aufstellung mehrerer Waisenräte ist jedem ein örtlich abgegrenzter Bezirk zuzuweisen.

Art. 95. Die Zahl der Waisenräte wird in Gemeinden mit städtischer Verfassung vom Magistrat unter Zustimmung der Gemeindebevollmächtigten, in anderen Gemeinden von der Gemeindeverwaltung festgesetzt. Das Gleiche gilt von der Bildung mehrerer Gemeindewaisenräte nach Art. 93, Abs. 2. Die Gemeindeverwaltung bestimmt in den Fällen des Art. 94, Abs. 2 auch die Bezirke der einzelnen Waisenräte.

Art. 96. Die Waisenräte werden in Gemeinden mit städtischer Verfassung von den in einen Wahlkörper vereinigten Magistratsmitgliedern und Gemeindebevollmächtigten, in den übrigen Gemeinden von der Gemeindeverwaltung gewählt.

Zur Wahl der Waisenräte ist nach der Vollendung der ordentlichen Gemeindewahl und nach der Bildung des Armenpflegschaftsrats zu schreiten.

Wählbar ist, wer zum Mitgliede des Armenpflegschaftsrats gewählt werden kann.

Als gewählt ist zu erachten, wer bei der Wahl die meisten Stimmen erhalten hat. Die Wahl gilt für die Zeit bis zu der nächsten nach Abs. 2 stattfindenden Wahl.

Abgänge in dem Personal der Waisenräte sind sofort durch Neuwahl zu ersetzen.

Die Gewählten werden durch den Bürgermeister auf Handgelübde verpflichtet.

Art. 97. Das Amt des Waisenrats ist ein unentgeltliches Gemeindeamt.

Art. 98. Der Gemeindewaisenrat ist befugt, Frauen, welche hierzu bereit sind, als Waisenpflegerinnen in widerruflicher Weise aufzustellen.

In den im Art. 94, Abs. 2 bezeichneten Gemeinden erfolgt die Aufstellung auf den Vorschlag des Waisenrats durch den Bürgermeister.

Die Waisenpflegerinnen haben unter Leitung des Gemeindewaisenrats bei der Beaufsichtigung der im Kindesalter stehenden Mündel, und bei der Überwachung weiblicher Mündel mitzuwirken.

Art. 99. Die Geschäftsführung des Gemeindewaisenrats, insbesondere der Verkehr mit dem Vormundschaftsgerichte, wird durch die Staatsministerien der Justiz und des Innern geregelt.

Es kann insbesondere angeordnet werden, daß die Waisenräte eines Bezirkes zeitweise unter der Leitung des Vormundschaftsrichters zusammentreten, um von dem Zustande der Aufsicht über die Erziehung und körperliche Pflege der Mündel in dem Bezirke Kenntnis zu erlangen, sowie allgemeine Fragen ihrer Amtsführung zu besprechen und Mängel abzustellen.

Baden hat in dem Gesetz über die freiwillige Gerichtsbarkeit und das Notariat vom 17. Juni 1899 §§ 5—15 die Einrichtung des Gemeindewaisenrates geregelt. Da nach § 5 desselben Gesetzes nur diejenigen Personen von dem Amte eines Gemeindewaisenrats ausgeschlossen sind, welche nach §§ 1780 und 1781 B.G.B. nicht zum Vormund bestellt werden können oder sollen, so ist damit die Zulassung von Frauen zu dem Amt — nicht nur als Helferinnen — ausgesprochen.

2. Pflichten des Gemeindewaisenrats.

a. Fälle der Vormundschaft.

Der Gemeindewaisenrat hat dem Vormundschaftsgericht die Personen vorzuschlagen, die sich im einzelnen Fall zum Vormund, Gegenvormund, Pfleger, Beistand eignen (§ 1779 Abs. 1, §§ 1849, 1915, 1694 B.G.B.). Erlangt er von einem Falle Kenntnis, in welchem ein Vormund, ein Gegenvormund oder ein Pfleger zu bestellen ist, so hat er dem Vormundschaftsgericht Anzeige zu machen und soll zugleich die Person vorschlagen, die sich zum Vormunde, Gegenvormund oder Pfleger eignet (§ 49 R.G. über die freiwillige Gerichtsbarkeit).

Der Gemeindewaisenrat muß sich, wenn er seinen Verpflichtungen nachkommen will, darüber klar sein, in welchen Fällen die Bestellung eines Vormundes, Gegenvormundes oder Pflegers nötig ist.

Fälle der Vormundschaft:

I. Ein Minderjähriger erhält einen Vormund:

A. Wenn er nicht unter elterlicher Gewalt steht. Das ist der Fall:

1. wenn er unehelich geboren (§ 1707) und nicht legitimiert oder adoptiert ist;

2. wenn er aus einer nichtigen oder mit Erfolg angefochtenen Ehe stammt und beide Eltern den Mangel kannten (§ 1699 ff.);

3. wenn beide Eltern tot oder für tot erklärt sind; bei Annahme an Kindesstatt: wenn der Annehmende tot oder für tot erklärt worden ist, oder der Adoptivvertrag aufgehoben ist, im letzten Fall trotz Lebens der leiblichen Eltern.

4. wenn der Vater die elterliche Gewalt verwirkt hat, ohne daß die Ehe mit der Mutter des Minderjährigen aufgelöst ist § 1684 Abs. 2. Verwirkungsgründe s. § 1680 und 1771;

5. wenn die Mutter als Inhaberin der elterlichen Gewalt diese verwirkt hat oder, wenn sie zu einer neuen Ehe schreitet (§§ 1686, 1697).

B. Wenn die Eltern weder in den die Person, noch in den das Vermögen betreffenden Angelegenheiten zur Vertretung des Minderjährigen berechtigt sind. Das ist der Fall:

1. wenn die elterliche Gewalt des Vaters ruht und auf die Mutter wegen Minderjährigkeit oder sonstiger Unfähigkeit oder Auflösung der Ehe nicht übergehen kann. Im letzteren Falle muß jedoch die elterliche Gewalt der Mutter übertragen werden, wenn sie es beantragt und keine Aussicht besteht, daß der Grund des Ruhens wegfallen werde (§ 1685).

Die väterliche Gewalt ruht, wenn der Vater geschäftsunfähig (§ 104 Nr. 2 und 3) oder in der Geschäftsfähigkeit beschränkt ist (§ 114), wenn er wegen körperlicher Gebrechen einen Pfleger für Person und Vermögen erhalten hat (§§ 1910, 1676), oder wenn er längere Zeit hindurch an der Ausübung der elterlichen Gewalt thatsächlich behindert ist und dies durch das Vormundschaftsgericht festgestellt ist (§ 1677);

2. wenn den Eltern wegen schuldhaften Verhaltens die Sorge für die Person und das Vermögen des Kindes entzogen ist (§ 1666).

C. Wenn der Familienstand des Kindes nicht zu ermitteln ist.

II. Ein Volljähriger erhält einen Vormund, wenn er — wegen Geisteskrankheit, Geistesschwäche, Verschwendung oder Trunksucht — entmündigt ist (§ 1896).

Nach Beantragung der Entmündigung kann eine vorläufige Vormundschaft eingeleitet werden (§ 1906).

Ein Gegenvormund soll neben dem Vormund bestellt werden, wenn mit der Vormundschaft eine Vermögensverwaltung verbunden ist, es sei denn, daß diese unerheblich ist oder mehrere Vormünder gemeinschaftlich die Vormundschaft führen (§ 1792).

Eine Pflegschaft ist einzuleiten:

1. Wenn der Inhaber der elterlichen Gewalt oder der Vormund behindert ist, gewisse Angelegenheiten zu besorgen (z. B. wegen Interessenkollision), insbesondere, wenn er von der Verwaltung eines dem Kinde geschenkten oder letztwillig zugewendeten Vermögens ausgeschlossen ist (§ 1909);

2. für einen Volljährigen, der infolge körperlicher Gebrechen, insbesondere weil er taub, blind oder stumm ist, seine Angelegenheiten oder einzelne Angelegenheiten nicht besorgen kann, jedoch nur mit seiner Einwilligung, es sei denn, daß eine Verständigung mit ihm nicht möglich ist (§ 1910);

3. für einen unbekannt abwesenden Volljährigen (§ 1911);

4. für eine Leibesfrucht, falls dies zur Wahrung künftiger Rechte nötig (§ 1912);

5. falls unbekannt ist, wer bei einer Sache beteiligt ist;

6. zur Verwaltung von für vorübergehende Zwecke durch öffentliche Sammlung zusammengebrachtem Geld.

Der Mutter ist ein Beistand zu bestellen:

1. wenn der Vater die Bestellung angeordnet hat;

2. wenn die Mutter die Bestellung beantragt;

3. wenn das Vormundschaftsgericht aus besonderen Gründen, insbesondere wegen des Umfangs oder der Schwierigkeit der Vermögensverwaltung oder in den Fällen der §§ 1666, 1667 die Bestellung im Interesse der Kinder für nötig erachtet (§ 1687).

C. Vormundschaftsrecht.

Mitglieder eines Familienrats sind vom Gemeindewaisenrat nicht vorzuschlagen, der Vormundschaftsrichter hat nur über den von ihm Ausgewählten den Gemeindewaisenrat zu hören (§ 1862).

Der Unterschied gegen das bisherige Recht in vielen Landesteilen insbesondere in Preußen, liegt hauptsächlich darin, daß infolge der elterlichen Gewalt der Mutter die Einleitung einer Vormundschaft nicht nötig ist, wenn nach dem Tode des Vaters die Mutter lebt, daß anderseits der Großvater des unehelichen Kindes nicht mehr gesetzlicher Vormund ist, sondern für das uneheliche Kind in allen Fällen die Vormundschaft einzuleiten ist.

3. b. Gesetzliche Vormundschaft.

Als gesetzliche Vormundschaft läßt das B.G.B. die des Vorstandes einer unter staatlicher Verwaltung oder Aufsicht stehenden Erziehungs- oder Verpflegungsanstalt oder eines Beamten über die in der Anstalt oder unter der Aufsicht des Vorstandes oder des Beamten in einer von ihm ausgewählten Familie oder Anstalt erzogenen oder verpflegten Kinder oder selbst die unter solcher Aufsicht in der mütterlichen Familie erzogenen oder verpflegten unehelichen Kinder, nach Maßgabe landesgesetzlicher Vorschriften zu, nach welchen diese gesetzliche Vormundschaft auch nach Beendigung der Erziehung oder Verpflegung bis zur Volljährigkeit dauern, der gesetzliche Vormund nach § 1852 befreit und Bestellung eines Gegenvormundes ausgeschlossen sein kann, unbeschadet des Rechts des Vormundschaftsgerichts zur Bestellung eines andern Vormundes. Art. 136 E.G.

Durch diese Bestimmungen werden die in verschiedenen Bundesstaaten bestehenden Vorschriften über die gesetzliche Vormundschaft, u. a. auch die in Sachsen bestehende Generalvormundschaft über alle unehelichen Kinder, aufrechterhalten. Nur darf dem Vormundschaftsgericht das Recht nicht beschränkt werden, einen andern Vormund zu bestellen. Das Preuß. Ausführungsgesetz hat die bisherigen Vorschriften der Preuß. Vormundschaftsordnung den reichsgesetzlichen Bestimmungen durch folgende Vorschriften angepaßt:

Art. 78. § 1. Der Vorstand einer unter der Verwaltung des Staates oder einer Gemeindebehörde stehenden Erziehungs- oder Verpflegungsanstalt hat für die in der Anstalt untergebrachten Minderjährigen die Rechte und Pflichten eines Vormundes. Die Rechte und Pflichten des Anstaltsvormundes bestehen nur, solange das Vormundschaftsgericht nicht einen andern Vormund bestellt hat. Der Vorstand behält die Rechte und Pflichten des Vormundes auch nach der Beendigung der Erziehung oder Verpflegung bis zur Volljährigkeit des Mündels.

§ 2. Die Aufnahme des Minderjährigen in die Anstalt ist von dem Vorstande dem Vormundschaftsgericht und dem Gemeindewaisenrat des Bezirkes, in dem die Anstalt liegt, anzuzeigen.

Mit der Aufnahme in die Anstalt endigt das Amt des bisherigen Vormundes.

§ 3. Neben dem Vorstand ist ein Gegenvormund nicht zu bestellen.

Dem Vorstand stehen die nach § 1852 Abs. 2 des BGB. zulässigen Befreiungen zu.

§ 4. Auf Grund ortsstatutarischer Bestimmungen können Beamten der Gemeindearmenverwaltung alle oder einzelne Rechte und Pflichten eines Vormundes für diejenigen Minderjährigen übertragen werden, welche im Wege der öffentlichen Armenpflege unterstützt und unter Aufsicht der Beamten entweder in einer von diesen ausgewählten Familie oder Anstalt, oder, sofern es sich um uneheliche Minderjährige handelt, in der mütterlichen Familie erzogen oder verpflegt werden.

Wird von dieser Befugnis Gebrauch gemacht, so finden die Vorschriften des § 1 Abs. 2, des § 2 Abs. 1, und wenn den Beamten alle Rechte und Pflichten des Vormundes übertragen werden, auch die Vorschriften des § 2 Abs. 2 und des § 3 entsprechende Anwendung.

Es wird Aufgabe der Gemeinden sein, den Erlaß eines solchen Ortsstatuts in Erwägung zu nehmen.

Das Sächsische Ausführungsgesetz bestimmt:

§ 37. Die Gemeinde kann mit Genehmigung des Justizministeriums den Vorstand einer unter staatlicher Aufsicht stehenden Erziehungs- oder Verpflegungsanstalt oder einen Beamten bestimmen, dem die Rechte und Pflichten eines Vormundes oder Pflegers über alle oder über gewisse Minderjährige zustehen, die in der Anstalt oder unter der Aufsicht des Vorstandes oder des Beamten in einer von ihm ausgewählten Familie oder Anstalt oder, soweit sie unehelich sind, in der mütterlichen Familie erzogen oder verpflegt werden.

Die Vorschrift findet keine Anwendung auf Minderjährige, für deren Bevormundung ein anderes als ein sächsisches Gericht zuständig ist.

§ 38. Tritt eine Vormundschaft oder Pflegschaft nach § 37 ein, so endigt das Amt des bisherigen Vormundes oder Pflegers von selbst. Ein Gegenvormund wird nicht bestellt. Dem Vorstand oder Beamten stehen die nach § 1852 des B.G.B. zulässigen Befreiungen zu.

Der Vorstand oder Beamte behält, soweit nicht etwas anderes bestimmt ist, die Rechte und Pflichten des Vormundes oder Pflegers auch nach der Beendigung der Erziehung oder der Verpflegung.

Dem zuständigen Vormundschaftsgerichte bleibt unbenommen, für einen Minderjährigen einen Vormund oder Pfleger zu bestellen, wenn der Vorstand oder Beamte es beantragt.

Nach dem Bayrischen Ausführungsgesetz § 100 kann dem Vorstand einer unter staatlicher Verwaltung oder Aufsicht stehenden Erziehungs- oder Verpflegungsanstalt die gesetzliche Vormundschaft über die darin aufgenommenen Minderjährigen nur infolge Anordnung der zuständigen Staatsministerien übertragen werden.

4. c. Vorschlag des Vormundes.

Weiterhin muß der Gemeindewaisenrat wissen, wen er zum Vormund vorschlagen soll und wer von der Bestellung ausgeschlossen ist.

Gewisse Personen sind vorzugsweise zur Vormundschaft berufen, sodaß sie ohne ihre Zustimmung nur aus wichtigen Gründen übergangen werden dürfen. Es sind das:

C. Vormundschaftsrecht.

1. wer von dem Vater des Mündels letztwillig als Vormund benannt ist;
2. wer von der ehelichen Mutter letztwillig benannt ist;
3. der Großvater väterlicherseits;
4. der Großvater mütterlicherseits. Vor diesem darf für ein uneheliches Kind die Mutter bestellt werden (§ 1778 Abs. 3).

Ist ein so Berufener vorhanden, so findet ein Vorschlagsrecht des Gemeindewaisenrates nicht statt. Seine Mitwirkung ist aber dadurch nicht ausgeschlossen. Das Vormundschaftsgericht wird nicht selten Anlaß zur Feststellung haben, ob nicht etwa einer der Gründe vorliegt, weshalb der Berufene nicht zum Vormund bestellt werden kann oder soll, ob insbesondere die Bestellung des Großvaters des unehelichen Kindes die Interessen desselben gefährdet, ob die Bestellung der unehelichen Mutter vorzuziehen oder, weil auch diese sich nicht eignet, ein anderer Vormund zu bestellen ist.

Ist kein Berufener vorhanden, so hat der Gemeindewaisenrat Anspruch darauf, vor der Bestellung eines Vormundes gehört zu werden. Er hat ein Beschwerderecht nach § 19 des R.G. über die freiwillige Gerichtsbarkeit.

Als Vormund kann nicht bestellt werden: wer geschäftsunfähig oder wegen Geistesschwäche, Verschwendung, Trunksucht entmündigt ist (§ 1780).

Es soll nicht bestellt werden (§ 1781):

1. wer minderjährig oder nach § 1906 unter vorläufige Vormundschaft gestellt ist;
2. wer nach § 1910 zur Besorgung seiner Vermögensangelegenheiten einen Pfleger erhalten hat;
3. wer in Konkurs geraten ist, während der Dauer des Konkurses;
4. wer der bürgerlichen Ehrenrechte für verlustig erklärt ist;

ferner nicht, wer durch Anordnung des ehelichen Vaters oder der ehelichen Mutter ausgeschlossen ist (§ 1782).

Weibliche Personen sind in gleicher Weise wie Männer zur Übernahme der Vormundschaft befähigt, nur soll eine Frau, die mit einem andern als dem Vater des Mündels verheiratet ist, nur mit Zustimmung des Mannes zum Vormund bestellt werden (§ 1783).

Der Waisenrat wird also, wenn er eine verheiratete Frau vorschlagen will, sich außer ihrer Bereitwilligkeit auch der Zustimmung des Ehemannes versichern müssen.

Ein Beamter oder Religionsdiener, der nach den Landesgesetzen zur Übernahme einer Vormundschaft besonderer Erlaubnis bedarf, soll ohne solche nicht bestellt werden (§ 1784).

Das Preuß. Ausführungsgesetz bestimmt in dieser Beziehung in Art. 72, im wesentlichen übereinstimmend mit Art. 123 des Hessischen und Art. 40 des Sächsischen Ausführungsgesetzes:

„Wer ein Staatsamt oder ein besoldetes Amt in der Kommunal- oder Kirchenverwaltung bekleidet, bedarf zur Übernahme einer Vormundschaft oder zur Fortsetzung einer vor dem Eintritt in das Amt übernommenen Vormundschaft der Erlaubnis der zunächst vorgesetzten Behörde. Das Gleiche gilt für die Übernahme oder die Fortsetzung des Amtes eines Gegenvormundes, Pflegers oder Beistandes.

„Die Erlaubnis kann zurückgenommen werden. Notare bedürfen der Erlaubnis nicht."

Reichscivilbeamte stehen, da auf sie nach § 19 des R.G. vom 31. März 1873 die Vorschriften der Landesgesetze Anwendung finden, den Staatsbeamten gleich. Militärpersonen des Friedensstandes und Civilbeamte der Militärverwaltung bedürfen gleichfalls nach § 41 des Reichsmilitärgesetzes der Genehmigung ihrer Vorgesetzten.

Die Übernahme einer Vormundschaft dürfen ablehnen (§ 1786):
1. eine Frau;
2. wer das sechzigste Lebensjahr überschritten hat;
3. wer mehr als vier minderjährige eheliche Kinder hat;
4. wer durch Krankheit oder Gebrechen verhindert ist, die Vormundschaft ordnungsmäßig zu führen;
5. wer wegen Entfernung seines Wohnsitzes von dem Sitze des Vormundschaftsgerichts die Vormundschaft nicht ohne besondere Belästigung führen kann;
6. wer zur Sicherheitsleistung angehalten wird;
7. wer mit einem andern zu gemeinschaftlicher Führung der Vormundschaft bestellt werden soll;
8. wer mehr als eine Vormundschaft oder Pflegschaft führt; die Vormundschaft über mehrere Geschwister gilt nur als eine, die Führung von zwei Gegenvormundschaften steht der Führung einer Vormundschaft gleich.

Es gilt daher auch die Vormundschaft über mehrere uneheliche Kinder derselben Mutter als eine Vormundschaft, auch wenn die Kinder nicht denselben Vater haben.

Über die Auswahl des Vormundes giebt das Gesetz sodann noch folgende von dem Gemeindewaisenrat wohl zu beachtende Vorschriften:
1. Es soll eine Person ausgewählt werden, die nach ihren persönlichen Verhältnissen und ihrer Vermögenslage, sowie nach den sonstigen Umständen zur Führung der Vormundschaft geeignet ist.
2. Bei der Auswahl ist auf das religiöse Bekenntnis des Mündels Rücksicht zu nehmen.
3. Verwandte und Verschwägerte des Mündels sind zunächst zu berücksichtigen.
4. Wenn mehrere Geschwister zu bevormunden sind, soll für alle Mündel nur ein Vormund bestellt werden.

Alle diese Vorschriften zwingen den Gemeindewaisenrat, sich eingehend mit den Verhältnissen des Mündels zu beschäftigen. Er wird die Vermögensverhältnisse, die sociale Lage, die Bildung des Mündels, seine Religion feststellen müssen, erfragen müssen, ob Verwandte — also Personen, welche mit dem Mündel gemeinschaftliche Vorfahren haben — aller Grade (mit dem unehelichen Kinde ist der Vater nicht verwandt) — oder Verschwägerte — durch Heirat zwischen einem Ehegatten und den Blutsverwandten des andern Verbundene (auch nach Beendigung der Ehe) also z. B. Schwager, Schwägerin, Schwiegermutter — vorhanden und zur Vormundschaft geeignet sind; er wird bei unehelichen Kindern feststellen müssen, ob etwa Geschwister am Leben sind, da dann deren Vormund auch für das jüngste Kind zu

C. Vormundschaftsrecht. 97

bestellen ist. Es kann durch Beachtung dieser Vorschrift dem jetzt oft vorkommenden Mißstand vorgebeugt werden, daß für alle unehelichen Kinder einer Mutter verschiedene Vormünder bestellt sind.

5. Überwachung des Vormundes.

Mit dem Vorschlag des Vormundes ist die Thätigkeit des Gemeindewaisenrats nicht erschöpft; im Gegenteil, nach der Auffassung des B.G.B. beginnt nun erst die Hauptaufgabe:

Der Gemeindewaisenrat wird vom Vormundschaftsgericht von der Anordnung der Vormundschaft über einen in seinem Bezirk sich aufhaltenden Mündel unter Bezeichnung des Vormundes und Gegenvormundes benachrichtigt, ebenso von jedem Wechsel in der Person des Vormundes oder Gegenvormundes (§ 1851). Der Gemeindewaisenrat hat dann in Unterstützung des Vormundschaftsgerichts darüber zu wachen, daß die Vormünder der sich in ihrem Bezirk aufhaltenden Mündel für die Person der Mündel, insbesondere für ihre Erziehung und körperliche Pflege pflichtmäßig Sorge tragen. Er hat dem Vormundschaftsgericht Mängel und Pflichtwidrigkeiten, die er in dieser Hinsicht wahrnimmt, anzuzeigen und auf Erfordern über das persönliche Ergehen und Verhalten des Mündels Auskunft zu erteilen.

In dieser Überwachung des Vormundes liegt die Hauptaufgabe des Gemeindewaisenrats. Wenn auch nur Anzeige von Mängeln und Pflichtwidrigkeiten an das Gericht vorgeschrieben ist, so schließt dies doch nicht aus, daß der Waisenrat unmittelbar gegenüber dem Vormunde durch Rat und Mahnung eingreift. Das Vormundschaftsgericht wird in vielen Fällen ein Interesse daran haben, von dem Gemeindewaisenrat ein Gutachten über die persönlichen Verhältnisse des Mündels zu erhalten, wenn es auch in erster Linie auf die vom Vormund zu erfordernden Berichte angewiesen ist. Namentlich bei Maßnahmen bezüglich der Erziehung, der Unterbringung in die Lehre (1829 Nr. 6) wird das Gericht Anlaß haben, den Gemeindewaisenrat zu hören. Da ist es dann naturgemäß von Wert, wenn der Gemeindewaisenrat nicht erst, nachdem er um Auskunft angegangen ist, sich um das Mündel kümmert, sondern infolge seines Aufsichtsrechts bereits mit den Verhältnissen bekannt ist.

Schließlich hat das B.G.B. das Aufsichtsrecht des Gemeindewaisenrats noch insofern erweitert, als ihm zur Pflicht gemacht ist, dem Gericht Anzeige zu machen, sobald er von der Gefährdung des Vermögens eines Mündels Kenntnis erlangt (§ 1850 Abs. 2). Durch diese Vorschrift wird der Gemeindewaisenrat in keiner Weise ermächtigt, in die Vermögensverwaltung des Vormundes sich einzumischen. Wenn aber der Gemeindewaisenrat eine mit den Verhältnissen seines Bezirks vertraute Persönlichkeit ist, deren Kenntnis es nicht entgeht, wenn ein mit einer Vermögensverwaltung betrauter Vormund in Vermögensverfall gerät, sich in gewagte Spekulationen einläßt und dgl., so wird er in der Lage sein, das Gericht auf eine mögliche Gefährdung des Mündelvermögens hinzuweisen und zum Ergreifen von Schutzmaßregeln anzuregen.

Auch diese Bestimmung zeugt dafür, daß das B.G.B. von dem Gemeindewaisenrat ein großes Maß von Personenkenntnis, Umsicht und Takt erfordert, so daß es besonders sorgfältiger Auswahl der mit diesem Amt zu betrauenden Personen bedarf.

Der Aufsichtsführung des Gemeindewaisenrats steht in allen großen Städten das Hindernis im Wege, daß er von dem Wohnungswechsel des Mündels nur in seltenen Fällen Kenntnis erhält. In dieser Beziehung schreibt § 1851 Abs. 2 entsprechend dem § 54 der preuß. Vormundschafts= ordnung vor, daß von der Verlegung des Aufenthalts eines Mündels in den Bezirk eines andern Gemeindewaisenrats der Vormund den Waisenrat des bisherigen Aufenthaltsortes benachrichtigen und letzterer den nunmehr zuständigen Waisenrat davon in Kenntnis setzen soll. Es ist zu befürchten, daß diese Anzeigen der Vormünder auch in Zukunft meist unterbleiben werden. Zudem fehlt die Verpflichtung, einen Wohnungswechsel inner= halb des Bezirks zur Anzeige zu bringen.

Das B.G.B. schreibt vor, daß das Vormundschaftsgericht über die gesamte Thätigkeit des Vormundes die Aufsicht zu führen, daß der Vormund ihm auf Verlangen jederzeit über die Führung der Vormund= schaft und über die persönlichen Verhältnisse des Mündels Auskunft zu erteilen hat (§§ 1837, 1839). Wie die Motive (Bd. IV S. 1156) hervor= heben, hat man, obwohl die Bestimmung des § 1839 schon aus dem Recht der Aufsicht hergeleitet werden kann, es doch, um Mißverständnissen vor= zubeugen, vom praktischen Standpunkt aus für ratsam erachtet, das Vor= mundschaftsgericht darauf hinzuweisen, daß es vom Vormunde jederzeit Auskunft über die Führung der Vormundschaft und zwar insbesondere auch in Ansehung der Person des Mündels fordern kann. Man hat zwar Vor= schriften über sog. Erziehungsberichte nicht für angezeigt gehalten, aber die Vorschrift, daß das Recht, Auskunft zu verlangen, sich insbesondere auch auf die persönlichen Verhältnisse des Mündels erstrecke, soll sie ersetzen. Wenn das Vormundschaftsgericht dem Geiste dieser Vorschrift entsprechend seine Aufsichtspflicht so auffaßt, daß es von Zeit zu Zeit Berichte über die persönlichen Verhältnisse des Mündels erfordert, so wird es von etwaigem Wohnungswechsel Kenntnis erlangen. Es wäre im Interesse der Wirksam= keit der Gemeindewaisenräte und ihres Zusammenwirkens mit dem Vor= mundschaftsgericht dringend erwünscht, wenn das Gericht trotz des Mangels gesetzlicher Vorschrift sich verpflichtet halten würde, von jedem Wohnungs= wechsel eines Mündels, der zu seiner Kenntnis kommt, dem Waisenrat Anzeige zu machen. Eventuell würde eine diese Anordnung enthaltende Ministerialverordnung zu erstreben sein.

6. Aufsichtsrecht des Gemeindewaisenrats gegenüber dem Inhaber der elterlichen Gewalt.

Nach § 1675 hat der Gemeindewaisenrat dem Vormundschaftsgericht Anzeige zu machen, wenn ein Fall zu seiner Kenntnis kommt, in welchem das Vormundschaftsgericht im Interesse eines unter elterlicher Gewalt stehenden Kindes zum Einschreiten berufen ist, insbesondere weil der In= haber der elterlichen Gewalt durch die Art der Ausübung derselben die Person oder das Vermögen seines Kindes gefährdet. Solche Fälle sind:

1. Wenn das geistige und leibliche Wohl des Kindes dadurch gefährdet wird, daß der Vater das Recht der Sorge für die Person des Kindes mißbraucht, das Kind vernachlässigt oder sich eines ehrlosen und unsittlichen Verhaltens schuldig macht (§ 1666 Abs. 1),

2. Wenn der Vater das Recht des Kindes auf Gewährung des Unterhalts verletzt und für die Zukunft eine erhebliche Gefährdung des Unterhalts zu besorgen ist (§ 1666 Abs. 2),

3. Wenn das Vermögen des Kindes dadurch gefährdet wird, daß der Vater die mit der Vermögensverwaltung oder die mit der Nutznießung verbundenen Pflichten verletzt oder in Vermögensverfall gerät.

Mit diesen Bestimmungen ist dem Gemeindewaisenrat ein über das Gebiet der Vormundschaft weit hinausgreifender Wirkungskreis zugewiesen: er ist allgemein zum „Jugendanwalt" (vergl. Aschrott, die Behandlung der verwahrlosten Jugend, S. 38) bestellt. Ihm steht nicht das Recht zu, eine eigentliche Aufsicht über die unter elterlicher Gewalt stehenden Kinder bezw. die Handhabung der elterlichen Gewalt durch die Eltern zu üben. Er soll aber das staatliche Interesse und das Interesse der Kinder gegenüber den Eltern vertreten, sobald er, sei es auf Grund eigner Kenntnis, sei es durch Anzeigen von Verwandten der Kinder oder aus dem Publikum, von einer Gefährdung der Kinder durch die Eltern Kenntnis erhält.

D. Entmündigung.

Nach dem B.G.B. kann entmündigt werden:

1. wer infolge von Geisteskrankheit oder von Geistesschwäche seine Angelegenheiten nicht zu besorgen vermag;

2. wer durch Verschwendung sich oder seine Familie der Gefahr des Notstandes aussetzt;

3. wer infolge von Trunksucht seine Angelegenheiten nicht zu besorgen vermag oder sich oder seine Familie der Gefahr des Notstands aussetzt oder die Sicherheit anderer gefährdet (§ 6 B.G.B.).

Das Amtsgericht, bei dem der zu Entmündigende seinen allgemeinen Gerichtsstand hat — also regelmäßig das Amtsgericht seines Wohnsitzes (§ 13 C.P.O.) — ist ausschließlich zuständig (§ 648 C.P.O.). Wer sich in einem nicht nur vorübergehenden, die freie Willensbestimmung ausschließenden Zustande krankhafter Störung der Geistesthätigkeit befindet, ist geschäftsunfähig, kann also einen Wohnsitz weder begründen noch aufheben (§ 104 B.G.B.).

Antragsberechtigt sind der Ehegatte und der gesetzliche Vertreter, dem die Sorge für die Person zusteht; ferner Verwandte, sofern es sich nicht um eine unter elterlicher Gewalt oder Vormundschaft stehende Person oder eine Ehefrau handelt (§ 646 C.P.O.); außerdem bei Entmündigung wegen Geisteskrankheit oder Geistesschwäche der Staatsanwalt bei dem vorgesetzten Landgerichte.

Landesgesetzlich kann die Gemeinde oder der Armenverband zum Antrag auf Entmündigung wegen Verschwendung oder Trunksucht für berechtigt erklärt werden. Dies ist z. B. in Bayern geschehen:

Der Armenpflegschaftsrat ist berechtigt, die Entmündigung wegen Verschwendung oder wegen Trunksucht zu beantragen, wenn Grund zu der Besorgnis besteht, daß der zu Entmündigende der Armenkasse zur Last fallen werde. Art. 160 VIII des Ausf.-Ges. zum B.G.B.

Für Preußen bestimmt § 8 des Ausf.-Ges. zur C.P.O. in der Fassung des Art. 1. III des Gesetzes vom 22. September 1899:

Die Entmündigung wegen Verschwendung oder wegen Trunksucht kann auch von dem Armenverbande beantragt werden, dem die Fürsorge für den zu Entmündigenden im Falle seiner Hilfsbedürftigkeit obliegen würde.

E. Ersatzansprüche gegen Armenverbände.

Die Frage, ob dritte Personen, welche einen Hilfsbedürftigen unterstützt haben, gegen den Armenverband einen Anspruch auf Erstattung der gewährten Armenunterstützung haben, ist künftig nach den Regeln des B.G.B. über die Geschäftsführung ohne Auftrag zu entscheiden (§ 677 ff. B.G.B). Ob für diesen Ersatzanspruch der Rechtsweg zulässig ist, hängt von landesgesetzlichen Vorschriften ab. Bayern, Württemberg, Baden haben den Rechtsweg ausgeschlossen oder beschränkt. Für das preußische Recht ist durch Entscheidung der vereinigten Civilsenate der Rechtsweg ohne vorausgehende Entscheidung der Verwaltungsbehörde über Notwendigkeit und Höhe der Unterstützung für zulässig erachtet (Entsch. d. Reichsg. Bd. 41 S. 267 ff.).

§ 677 B.G.B. bestimmt:

Wer ein Geschäft für einen andern besorgt, ohne von ihm beauftragt oder ihm gegenüber sonst dazu berechtigt gewesen zu sein, hat das Geschäft so zu führen, wie das Interesse des Geschäftsherrn mit Rücksicht auf dessen wirklichen oder mutmaßlichen Willen es erfordert.

Nach § 678 wird der Geschäftsführer auch ohne Verschulden schadensersatzpflichtig, wenn er gegen den Willen des Geschäftsherrn die Geschäftsführung übernahm und dies erkennen mußte. Dieser entgegenstehende Wille kommt aber nicht in Betracht,

wenn ohne die Geschäftsführung eine Pflicht des Geschäftsherrn, deren Erfüllung im öffentlichen Interesse liegt, oder eine gesetzliche Unterhaltspflicht des Geschäftsherrn nicht rechtzeitig erfüllt werden würde (§ 679).

Der Geschäftsführer kann in diesem Fall Ersatz seiner Aufwendungen wie ein Beauftragter verlangen, wenn nur die Übernahme der Geschäftsführung dem Interesse des Geschäftsherrn entsprach (§ 683). Der Geschäftsführer darf jedoch, ohne die Entschließung des Geschäftsherrn abzuwarten, nur die unaufschiebbaren Geschäfte vornehmen (§ 681).

Nach diesen Regeln werden Ersatzansprüche von Ärzten oder Hebammen anzuerkennen sein, welche hilfsbedürftigen Personen, die nicht zahlungsfähig sind, sondern die öffentliche Armenpflege zur Erlangung der Leistung in Anspruch nehmen müßten, in dringenden Fällen, mit der Absicht, von dem Armenverbande Ersatz zu verlangen, Hilfe leisten.

Printed by Libri Plureos GmbH
in Hamburg, Germany